Die ›Orientalische Bibliothek‹ vereinigt
literarische, historische und philosophische Texte
der Völker Asiens und Nordafrikas
von den Anfängen bis zur Gegenwart.
Mit Lesetexten wie auch mit wissenschaftlich
kommentierten Ausgaben will die Sammlung
zum Verständnis der nationalen Eigenarten
der orientalischen Kulturen
und ihrer übernationalen Bedeutung
beitragen.

Nārāyaṇa

Hitopadeśa

oder

Die freundliche Belehrung

Gustav Kiepenheuer Verlag
Leipzig und Weimar

Aus dem Sanskrit übertragen von Johannes Hertel
Herausgegeben, mit einem Nachwort und einem Anhang
versehen von Johannes Mehlig

ISBN 3-378-00170-4

Erste Auflage
Lizenz Nr. 396/265/33/87 LSV 7381
Gesamtherstellung: Offizin Andersen Nexö,
Graphischer Großbetrieb, Leipzig III/18/38
Schrift: Timeless mager
Gestaltung: Dietmar Kunz
Printed in the German Democratic Republic
Bestell-Nr. 812 180 5
01280

Einleitung

1. Auf dessen Stirne wie des Schaums
Ein Streifen aus der Gaṅgā Fluten
Der Halbmond leuchtet, schenke du, o Śiva,
Heil dem Werk der Guten.
2. Dies Buch lehrt rechten Redebrauch,
Verleiht im Wörterschatz Vermehrung,
Gibt für das Leben klugen Rat.
Drum heißt es ›Freundliche Belehrung‹.
3. Nach Wissen streb ein weiser Mann,
Nach Gut, als sollt er nimmer alten.
Als packt' am Schopfe ihn der Tod,
Soll stets er seiner Pflichten walten.
4. Von allen Gütern rühmet man
Als höchstes stets die Wissenschaft,
Die keiner raubt noch würdig schätzt,
Die ewig währt in ihrer Kraft.
5. Die Wehrkunst und die Lehrkunst sind's,
Die einem Mann sein Gut vermehren.
Die erste bringt im Alter Hohn,
Die andre aber bleibt in Ehren.
6. Gleicht Wissen auch dem Niedrungsstrom,
Führt's doch wie der zum Ozean,
Zum Fürsten – beide schwer zu schaun! –,
Dann weiter auf des Glückes Bahn.
7. Wenn in den weichen Krug geritzt,
Bleibt die Verzierung unversehrt.

Drum wird der Jugend kluger Rat
In Märchenhülle hier beschert.

8. Vernehmt den ›Frieden‹ und den ›Krieg‹,
Den ›Freundesfund‹ und ›Freundschaftsbruch‹,
Die aus dem ›Fünfbuch‹ ausgewählt,
Sowie aus einem andern Buch.

*

An der Gaṅgā liegt eine Stadt, die heißt Pāṭaliputra. Dort regierte ein König, den alle Tugenden zierten, namens Sudarśana. Dieser Fürst hörte einmal, wie jemand folgende beiden Strophen deklamierte:

9. Die Zweifel hebt die Wissenschaft,
Sie zeigt uns, was dem Blick entrinnt,
Und fehlt dir dieses Auges Kraft,
Das alles sieht, so bist du blind.

10. Schaden bringen schon allein
Jugend, Torheit, Macht und Geld.
Größer muß der Schaden sein,
Wenn man sie vereinigt hält.

Als der König dies vernommen hatte, er, dessen Söhne noch in keinem Fache unterrichtet waren, da dachte er besorgt darüber, daß er mit ihrem Unterrichte noch nicht hatte beginnen lassen:

11. Was frommt ein Sohn, nicht unterrichtet,
Nicht wandelnd auf der Tugend Spur?
Was frommt ein Auge, das vernichtet?
Sie bringen Augenschmerzen nur.

Und ferner:

12. Der nur heißt geboren mit Recht,
Welcher zu Ehren führt sein Geschlecht.
Denn in der Seelen kreisendem Lauf
Stirbt ja ein jeder und lebt wieder auf.

Ferner:

13. Wenn eine Mutter keinen Sohn erhält,
Bei dem uns gleich der kleine Finger fällt,
Durchzählen wir der Tugendhaften Schar;
Sprich, welche ist dann unfruchtbar?

Und weiter:

14. Wer sich kasteit mit harter Pein
An einem heilgen Büßerteich,
Des Sohn wird einst gehorsam sein,
Verständig, tugendhaft und reich.

Darum heißt es auch weiter:

15. Des Gutes Zufluß, stets gesunder Leib,
Die holde Freundin und ein kosend Weib,
Ein treuer Sohn und Wissen, das ernährt,
Sind die sechs Güter, dieser Welt gewährt.

Wie nun aber tüchtige Männer aus meinen Söhnen machen? Wenn man sagt:

16. Die Tat, das Alter und der Tod,
Die Wissenschaften und das Geld,
Das sind fünf Dinge, die der Mensch
Im Mutterleibe schon erhält.

Ferner:

17. Selbst mächtge Wesen müssen sich
Bequemen des Geschickes Zwange.
Selbst Śiva wandelt ohne Kleid,
Und Viṣṇu ruht auf seiner Schlange.

Und weiter:

18. Was nicht verhängt, wird nicht geschehn,
Geschehn wird, was einmal beschlossen.
Der Trank zerstört der Sorgen Gift.
Warum denn wird er nicht genossen?

So ist dies nur eine Schutzrede für die Trägheit, eine Schutzrede im Munde gewisser Leute, die unfähig sind zu tatkräftigem Handeln, denn:

19. Wie keinen Wagen an sein Ziel
Befördern kann ein einzig Rad,

So wird das Schicksal nicht erfüllt,
Ermangelt es der Mannestat.

20. Die Tat, in frührem Sein vollbracht,
Die nennt mit Recht man Schicksalsschluß.
Drum unentwegt mit aller Macht
Man Mannestat vollbringen muß.

21. Wie aus dem Ton der Meister sich
Erbildet, was er sich ersonnen,
So Manus Kinder sicherlich,
Die selbst ihr Schicksal sich begonnen.

Und ferner:

22. Erblickt das Schicksal reiche Gabe,
So plötzlich, wie die Nuß der Rabe,
Läßt's doch die eignen Hände ruhn
Und wartet auf der Menschen Tun.

Weiter aber heißt es auch:

23. Die Eltern, die den Sohn nicht weise lehren,
Die, wahrlich, sind für ihn ein Feindespaar.
Bei Hof erwarten ihn dann solche Ehren,
Wie einen Storch in der Flamingo Schar.

24. Sei edlen Stamms und strahl in Jugendprangen;
Wenn nicht das Wissen deinen Geist erschloß,
Wirst nie du Ruhm in dieser Welt erlangen,
Gleich einem düftelosen Blütensproß.

So bedachte sich der König, und dann berief er seine Gelehrten zu einer Versammlung. Der König sagte: Gelehrte hört mich! Gibt es einen Mann, der meinen Söhnen, die auf falschem Pfade, durch Lebensweisheit neues Leben spende? Denn:

25. Wenn Gold das Glas berührt,
Erstrahlt's wie Edelstein.
Der Guten Umgang führt
Zur Weisheit Toren ein.

Auch heißt es ja:

26. Erniedrigt wird des Menschen Geist,
Der sich Geringrer Umgang fleißt.

Durch Gleiche wird man nicht erhoben,
Durch Bessre nur kommt man nach oben.

Da sprach nach einer Weile Viṣṇuśarman, ein großer Gelehrter, der das Wesen der gesamten Lehre der Lebensweisheit kannte so gut wie Bṛhaspati: Majestät! Einem erlauchten Geschlechte sind diese Prinzen entsprossen, darum kann ich sie dazu bringen, meine Lebensweisheit zu erfassen. Denn:

27. Sollt ungeschickt der Gegenstand zum Werke sein,
So bringt die Arbeit nimmer Frucht.
Den Kranich lehrt man Worte nie wie Papagein,
Und wenn man 's hundertmal versucht.

Und ein anderes:

28. Wie sollt in dieses Stammes Pracht
Ein Sprosse nicht vortrefflich sein?
Wie käm in den Rubinenschacht
Ein simpler Bergkristall hinein?

So mache ich mich denn anheischig, deinen Söhnen im Laufe eines Semesters die Lehre der Lebensweisheit gründlich beizubringen. – Bescheiden entgegnete der König:

29. An Guter Haupt steigt das Insekt,
Das in der Blume sich versteckt;
Ein Stein erlangt die Göttlichkeit,
Wenn Gute richtig ihn geweiht.

Und ein anderes:

30. Wie in des Aufgangsberges Nähe
Ein Ding erstrahlt in dessen Schein,
So strahlt ein Mensch in Guter Nähe,
Sollt er auch ohne Kaste sein.

So räume ich euch hiermit völlige Autorität ein zum Wohle dieser meiner Söhne! – Mit diesen Worten übergab er seine Söhne ehrfurchtsvoll dem Viṣṇuśarman.

*

Als sich nun die Prinzen gemächlich auf dem Dache ihres Palastes niedergelassen hatten, da sprach der Weise fernerhin in der Art seiner Vorrede:

31. Der Wissenschaft, der Dichtung weiht
Ein Weiser seine Lebenszeit.
Mit Lastertaten geht dem Toren,
Mit Schlaf und Streiten sie verloren.

Darum will ich, euch zu unterhalten, eine schöne Geschichte erzählen von Rabe, Schildkröte, Gazelle und Maus. Die Prinzen sagten: Erzählt, würdiger Herr! Und Viṣṇuśarman hub an: höret! Jetzt beginnt die Erzählung vom Freundesfund, deren erste Strophe also lautet:

Erstes Buch
Der Freundesfund

1. Wenn Arme, die klug, sich in Treue verbinden,
So werden vereinigt die Mittel sie finden,
Und was ihnen frommt, sie enden es schnelle,
Wie Schildkröte, Rabe, Maus und Gazelle.

Die Prinzen fragten: Wie war das? Viṣṇuśarman erzählte: Am Ufer der Godāvarī steht ein mächtiger Śālmalī-Baum. Nach diesem kommen die Vögel von allen Windrichtungen zusammen, die Nacht auf ihm zu verbringen. Als diese nun einst ihrem Ende nahte und der Mond, der herrliche Bräutigam der Lotusblumen, herabhing vom Scheitel des Untergangsberges, da erwachte ein Rabe, Leichtflug mit Namen, und sah, wie ein Jäger gleich einem zweiten Todesgott herangeschritten kam. Da dachte er: Zu so früher Stunde schon solch unwillkommener Anblick! Wer weiß, welch böses Schauspiel uns dieser Mann heute noch bereiten wird! – Damit ging er dem Jäger ängstlich nach, denn:

2. An den Toren tritt der Sorgen Plage
Tausendfach heran mit jedem Tage,

Hundertfach tritt Furcht an ihn heran,
Nimmer sorgt und bangt ein weiser Mann.

Und ein anderes, was besonders den materiellen Menschen bezwingt:

3. Es zeigen sich, erhebst du dich vom Schlummer,
Mit jedem Tage neu die bangen Sorgen.
Kommt Krankheit heute? – denkst du jeden Morgen –
Kommt Tod hernieder oder Herzenskummer?

Nun streute der Jäger Reiskörner aus und breitete sein Netz darüber. Da sah der Taubenkönig Bunthals, der mit seinem Gefolge im Luftraum umherschweifte, diese Reiskörner und sagte zu den Tauben, welche nach ihnen gelüstete: Wir wollen doch vorher erst untersuchen, wie es kommt, daß in dieser menschenleeren Gegend Reiskörner auftreten. Wir dürfen nicht gleich einen Glücksfund darinnen sehn. Wahrscheinlich soll es auch uns mit unserer Begierde nach den Reiskörnern also gehn:

4. Weil er die Spange wollt erlangen,
Der Wandrer ist dem Tod verfallen.
Im zähen Schlamm ward er gefangen
Von jenes alten Tigers Krallen.

Die Tauben fragten: Wie war das? Jener erzählte:

Erste Erzählung
Wanderer und Tiger

Als ich einst in einem Walde des Dekhan umherstreifte, da sah ich folgenden Vorfall:

Ein alter Tiger, der gebadet hatte und Kuśa-Gras in den Tatzen hielt, stand am Ufer eines Sees und rief beständig: He! he! Ihr Wanderer! Nehmt euch doch diese goldene Spange! – Da dachte ein Wandersmann, den die Habgier herbeigelockt hatte: Das trifft sich ja glücklich! Freilich soll man sich nicht um Reichtümer kümmern, von denen es sehr zweifelhaft ist, ob man sie erlangen kann.

Denn:

5. Wenn Liebes spenden eines Feindes Hände,
Nimmt's mit der Gabe nie ein gutes Ende.
Denn wenn sich Amṛta und Gift durchdringen,
Muß selbst der Göttertrank Verderben bringen.

Indessen ist das Erwerben von Schätzen stets ein Wagestück; heißt's doch:

6. Begibst du nie dich in Gefahr,
Beut sich das Glück dir nimmer dar.
Doch wird sich's dir zu Eigen geben,
Hast du gewagt und – bliebst am Leben.

Aber vorher will ich die Sache doch erst einmal prüfen. – Laut fragte er: Wo ist deine Spange? Der Tiger zeigte sie mit vorgestreckter Tatze. Der Wanderer sprach: Wie könnte ich dir mein Vertrauen schenken? Der Tiger entgegnete: Ich übe jetzt Baden und Spende, bin alt, Klauen und Zähne sind ausgebrochen: Wie sollte ich da nicht dein Vertrauen verdienen?

Denn:

7. Opfer, Studium, Spende, Büßertat,
Selbstbeherrschung, Abscheu vor der Lüge,
Nachsicht und bescheidene Genüge
Sind der achtgeteilte Tugendpfad.

8. Zwar der erste Vierpfad ist zu finden
Auch bei Heuchlern, Schätze zu erraffen.
Doch der andre Vierpfad ist geschaffen
Immerdar nur für die Hochgesinnten.

Ja so fern liegt mir die Habgier, daß ich jene Goldspange, die mir in die Hände gefallen ist, dem ersten besten zu schenken wünsche. Und trotzdem ist das Gerede der Leute, der Tiger fresse den Menschen, schwer zu unterdrücken.

Denn:

9. Wenn eine Kupplerin auch Gutes lehrt,
Die Welt folgt immer den betretnen Bahnen.
Und tötet' selbst er eine Kuh, sie ehrt
Wie Dharma selbst als Vorbild den Brahmanen.

Und doch habe ich die Rechtsbücher studiert. Höre:

10. Wie wir das Leben lieben, also auch
    Begehrt das Tier, es zu erhalten.
    Durch Selbstvergleichung sei der Guten Brauch,
    Mit Mitleid immerdar zu schalten.

Und ein weiteres:

11. Im Unglück und im Glück,
    In Freud und Mißgeschick,
    Im Weigern und im Geben
    Gelangt der Mensch im Leben
    Allein durch Selbstvergleichung
    Zur Sicherheitserreichung.

Und weil es dir nun schlecht geht, so möchte ich dir gerne spenden.

Heißt's doch:

12. Die Armen pflege, Kuntī-Sproß,
    Gib nicht den Reichen deine Gaben,
    Dem Kranken frommt die Arzenei.
    Wie sollte sie Gesunde laben?

Und ein anderes:

13. Die Gabe, welche pflichttreu man
    Dem gibt, der nicht vergelten kann,
    Wenn Ort, Zeit und Person sich fand,
    Die Gabe ist als recht erkannt.

Drum sei nicht mißtrauisch, bade in dem Teich und nimm dir die goldene Spange!

Als nun jener hineinging in den Teich, von Habgier geblendet, um zu baden, da versank er im tiefen Schlamm und vermochte nicht mehr zu entfliehen. Der Tiger sagte: Warte, ich will dich wieder auf die Beine bringen! Damit kroch er langsam, langsam heran. Da dachte der Wandersmann, als ihn der Tiger gepackt hatte:

14. Ob er die heiligen Schriften gelesen,
    Ob er des Gesetzes beflissen gewesen,
    Der Böse folgt seinem Charakter nur,
    Wie die Kuhmilch süß ist von Natur.

Und ferner:

15. Wer nicht bezähmet seines Herzens Gier,
    Dem ist das Wissen Elefantenbad;
    Wie ungeliebten Fraun Juwelenzier
    Ist's eine Last nur, mangelt ihm die Tat.

Mein Unstern wollte es, daß ich diesem Mörder vertraute. Heißt's doch auch:

16. Glaub angelernter Tugend nicht
    Und prüfe die Natur zuvor.
    Natur kommt endlich doch ans Licht
    Und steigt ob jener hoch empor.

Unter diesen Gedanken wurde er vom Tiger getötet. Darum sage ich: Weil er die Spange wollt erlangen ... (s. Vers 4). Keinesfalls also darf man ohne Überlegung handeln. Heißt's doch auch:

17. Wohlregierte Frauen und ein Sohn, der weise,
    Wohlbediente Fürsten, wohlverdaute Speise,
    Wohlbedachte Werke, wohlbedachtes Wort,
    Dauern durch die Zeiten unverändert fort.

Da sagte ein Tauber in seinem Übermut, als er diese Worte vernommen: Aber warum sagt man denn:

18. In der Zeit der Not höre man die Greise;
    Doch wer stets erwägt, dem entrinnt die Speise.

Denn:

19. Eingehüllt von Sorgen werden
    Trank und Speise selbst auf Erden.
    Was verleiht da rüstig Streben,
    Was verleihet frisches Leben?

20. Wer immer neidet, wer von Jähzorn bebt,
    Wer stets in Angst, wer fremdes Gut verlebt,
    Wer immer tadelt, immer unzufrieden:
    Nur Unheil finden diese sechs hienieden.

Auf diese Rede hin ließen sich alle Tauben dort nieder. Denn:

21. Hochgelehrte Männer,
    Kundge Vedenkenner,

Zweifeltöter hier;
Alle quält die Gier.

Da war der ganze Schwarm in dem Netze gefangen, das sich durch eine Fadenvorrichtung geschlossen hatte. Nun schmähten sie alle den, auf dessen Vorschlag sie dort niedergeflogen waren.

Heißt's doch:

22. Wer eine Schar geführt
Und große Tat getan,
Den Lohn, der ihm gebührt,
Er wird ihn nie empfahn.
Hat aber das Geschick
Von ihm gewandt den Blick.
Den, der der Schar gebot,
Den trifft alsdann der Tod.

Da sagte Bunthals, als er hörte, wie jener von ihnen gescholten wurde: Nicht er trägt die Schuld; denn:

23. Schuld wird selbst am Freund gefunden,
Bricht das Mißgeschick herein.
Wird das Kälbchen angebunden,
Wird zum Pfahl der Mutter Bein.

Und ein anderes:

24. Der ist ein Freund, der aus der Not befreit,
Nicht, wer die Rettungsmittel weise zeiht.

Eines schlechten Mannes Zeichen ist Bestürzung im Unglück: darum seid standhaft und denkt auf einen Ausweg, denn:

25. Friedlich im Glücke sein, trotzig in Fehden,
Standhaft im Unglück sein, Ehren erstreben,
Redegewandt sein und kundig der Veden,
Das ist der Edlen natürliches Leben.

Und ein anderes:

26. Sechs der Fehler meide hier auf Erden,
Willst des Glückes du teilhaftig werden:
Jähzorn, Trägheit und Verdrossenheit,
Schlafsucht, Furcht und Unentschlossenheit.

Drum wollen wir jetzt das tun: Einmütig wollen wir alle das Netz fassen und damit hinwegfliegen, denn:

27. Auch Schwache können im Verein
Des Werks Vollendung sicher sein.
Die Halme, die zum Seil sich wanden,
Sie fesseln brünstge Elefanten.

Also erwogen die Vögel und flogen mit dem Netze davon. Sogleich lief der Jäger, der aus weiter Ferne die Räuber seines Netzes sah, ihnen nach und dachte:

28. Jetzt zwar ziehn die Vögel alle
Fort und tragen meine Falle.
Aber laß sie sich entzwein,
Gleich sind Netz und Vögel mein.

Als indessen die Vögel seinem Blick entschwunden waren, kehrte der Jäger endlich wieder um. Sobald die Tauben sahen, wie sich der Jäger zur Heimkehr gewandt hatte, sagten sie: Was wollen wir jetzt tun? Bunthals sprach:

29. Daß Freund und Eltern dir geneigt,
Macht die Natur, die euch verbindet.
Ein andrer, der sich freundlich zeigt,
Tut's nur, weil er es nützlich findet.

So wohnt mein Freund, der Mäusekönig Goldreich, am Ufer der Gaṇḍakī im Citra-Wald: der wird unsere Fesseln zernagen. Nach dieser Überlegung begaben sie sich alle nach Goldreichs Höhle. Goldreich aber in seiner beständigen Furcht vor einem Unheil wohnte in einer Behausung, die hundert Ausgänge hatte. Als sich nun die Tauben herabließen, verhielt er sich vor Furcht ganz stille. Da rief Bunthals: Lieber Freund Goldreich, warum kommst du nicht, uns zu begrüßen? Goldreich erkannte seine Stimme, kam eiligst heraus und sagte: Wie mich das freut, mein lieber Freund Bunthals, daß du mich auch einmal aufgesucht hast! Als er ihn aber nun in dem Netze gefangen sah, da verharrte er einen Augenblick in betroffenem Schweigen; dann sagte er: Lieber Freund, was ist das? Bunthals sprach: Lieber Freund, was anders als die Folge einer üblen Tat in einem frühern Dasein?

30. Krankheit und Bedrängnis,
Sorge, Schmerz, Gefängnis
Sind die Früchte, die wir finden,
An den Bäumen unsrer Sünden.

Da ging nun Goldreich sogleich daran, die Fesseln seines lieben Bunthals zu zernagen. Bunthals aber sagte: Nein, mein Freund, nicht also! Erst löse die Fesseln dieser meiner Schutzbefohlenen. Goldreich erwiderte: Gering sind meine Kräfte, und schwach sind meine Zähne; wie könnte ich also ihre Fesseln zernagen? So will ich denn deine Banden zerschneiden, solange meine Zähne nicht brechen; dann will ich mich auch an die Entfesselung jener machen, soweit ich es vermag. Da sagte Bunthals: Mag sein; aber trotzdem sollst du erst, soweit deine Kräfte reichen, ihre Banden zernagen. Goldreich sagte: Die Hingabe des eigenen Lebens zur Rettung der Schutzbefohlenen wird aber von denen, die sich auf Lebensweisheit verstehen, nicht gebilligt.
Denn:

31. Spare auf die Zeit der Not die Habe dein,
Doch die Gattin sollst du mit dem Gut befrein.
In Gefahren aber sollst du für dein Leben
Unbedenklich immer Gut und Gattin geben.

Und ein anderes:

32. Gesetz, Befreiung, Liebe dann und Gut,
Die Viere stehen in des Lebens Hut;
Sie sind verloren, bringst du es zu Falle,
Doch schirmest du's, schirmst du die Güter alle.

Bunthals sagte: Lieber Freund, die Lebensweisheit allerdings verlangt es so: Ich aber vermag es nicht, das Unglück meiner Schützlinge zu ertragen. Daher tat ich jene Bitte, denn:

33. Es opfere sein Gut und gehe in den Tod
Der Weise, andere zu retten aus der Not.
Denn da wir alle gehen in den Tod hienieden,
Sei uns zu gutem Zweck der Untergang beschieden!

Ein weiterer gewichtiger Grund ist der:

34. Jenen gleich ich an Geburt, an Wesen und Gestalt,
Sprich, worin bewährt sich denn meine
fürstliche Gewalt?

Und ein anderes:

35. Niemals hab ich Lohn gegeben,
Doch verlassen sie mich nie.
Kostet' drum es auch mein Leben,
Lieber Freund, errette sie!

Ferner:

36. Aus Bein und Harn und Kot und Fleisch allein der
Leib besteht.
Drum hüte deinen Namen, Freund, verachte,
was vergeht!

Siehe:

37. Wirbst ewge Güter du mit flüchtgen Dingen,
Kann Reinheit auch, was selber unrein, bringen,
Kannst Ruhm du dir mit deinem Leib erringen:
So wirb es nur! Wie sollt es nicht gelingen?

Denn:

38. Unendlich ferne schier sind doch hienieden
Die Tugenden und unser Leib geschieden.
Es währt der Leib nur eine Spanne lang,
Die Tugend bis zum Weltenuntergang.

Da sträubten sich vor Freude die Härchen an Goldreichs Leibe, und er sagte: Recht, lieber Freund, sehr recht! Für diese Zuneigung zu deinen Untertanen gebührte dir die Herrschaft über die Dreiwelt. So sagte er und zernagte ihnen allen die Fesseln. Darauf bezeugte er ihnen seine vorzügliche Hochachtung und sprach: Lieber Bunthals, du darfst nicht in deiner Unbesonnenheit die Schuld suchen noch dir Vorwürfe machen; es war eben dein Schicksal, ins Netz zu geraten, denn:

39. Der Vogel, der ein Stückchen Fleisch sieht
meilenweit,
Der sieht die Schlinge nicht, erfüllt sich
seine Zeit.

Ferner:

40. Seh Mond ich und Sonne von Rāhu gefangen,
In Fesseln gebannt Elefanten und Schlangen,
Seh die Klugen ich selber in Dürftigkeit schalten,
So erkenn ich des Schicksals gewaltiges Walten.

Und ein anderes:

41. Die Vögel, die zu Himmels Enden fliehn,
Selbst sie verfolgt die Not;
Den Fisch aus tiefsten Meerestiefen ziehn
Die Fischer in den Tod.
Was nützen Ränke, was ein fester Stand,
Was frommt dir Redlichkeit?
Sobald sie ausreckt ihre Unglückshand,
So greift sie weit, die Zeit.

Nach solchem Zuspruch genoß Bunthals des Freundes Gastlichkeit, und als man sich dann verabschiedet hatte, zog er mit seinem Gefolge davon, wohin es ihm beliebte; Goldreich aber kehrte in seine Höhle zurück.

Diese ganze Begebenheit hatte nun auch der Rabe Leichtflug mit angesehen und sagte voll Bewunderung: Wahrlich, ich muß dich loben, mein lieber Goldreich, und bitte dich, auch mich in deinen Freundeskreis aufzunehmen. Da fragte Goldreich aus seiner Höhle heraus: Wer bist du? Jener sagte: Ich bin ein Rabe, und Leichtflug ist mein Name. Da lachte Goldreich und sprach: Das wäre mir eine schöne Freundschaft zwischen uns beiden, denn:

42. Nur was sich selbst fügt in der Welt,
Nur das vereint der Weise.
Wie wär's mit unserm Bund bestellt?
Ihr zehrt, ich bin die Speise.

Und ferner:

43. Die Freundschaft zwischen Speis und Esser,
Sie führt zu Unheil allezeit.
Vom Schakal ward das Reh gebunden.
Vom Raben wurde es befreit.

Der Rabe fragte: Wie war das? Goldreich erzählte:

Zweite Erzählung
Reh, Schakal und Rabe

Es liegt im Mittelland ein Wald, Campakavatī mit Namen. In diesem wohnten lange Zeit in großer Eintracht ein Reh und ein Rabe. Als nun einst das Reh umherstreifte, wo es ihm gerade behagte, froh und wohlgenährt, da erblickte es ein Schakal. Dieser dachte: Ei, wie könnte dieses köstliche Fleisch mir zum Mahle werden? Nun, erwecken wir erst Vertrauen! So dachte er, kam heran und sagte: Heil dir, mein Freund! Das Reh sprach: Wer bist du? Jener sagte: Ich bin ein Schakal und heiße Tückisch. Einem Toten gleich wohne ich hier im Walde, aller Freunde bar. Nun aber, da ich deine Freundschaft gefunden, bin ich mit dir in die Welt der Lebenden zurückgekehrt. Von jetzt ab müssen wir zusammen wohnen.

Als sich nun die herrliche, strahlenbekränzte Sonne zum Untergang geneigt hatte, da gingen die beiden nach des Rehs Behausung. Dort saß auf dem Zweige eines Campaka-Baumes ein Rabe namens Ehrlich, des Rehes Freund. Der Rabe sagte: Lieber Buntleib, wer ist dieser zweite? Das Reh sprach: Es ist ein Schakal, gekommen, uns um unsre Freundschaft zu bitten. Darauf sagte der Rabe: Lieber Freund, mit einem eben angekommenen Fremdling gleich einen Bund zu schließen ist nicht geraten; heißt's doch:

44. Nie sollst du einem Manne Wohnung geben,
Der dir nach Stamm und Sinn ein Fremdling ist.
Jaradgava, der Geier, kam ums Leben
Durch jenes tückschen Katers arge List.

Jene fragten: Wie war das? Der Rabe erzählte:

Dritte Erzählung
Geier, Kater und Vögel

An der Gaṅgā steht auf einem Berge, Geierhorn genannt, ein großer Feigenbaum. In einer Höhle desselben wohnte ein Geier, Jaradgava geheißen, der durch Schicksalstücke seine Augen verloren hatte. Da gaben ihm denn aus Mitleid die Vögel, welche diesen Baum bewohnten, von dem, was sie von ihren eignen Mahlzeiten übrigbehielten, immer etwas zur Speise, damit fristete er sein Leben. Einst nun kam ein Kater, Langohr mit Namen, dorthin, um die Jungen dieser Vögel zu verzehren. Als diese ihn herankommen sahen, erhoben sie in ihrer Angst ein großes Geschrei. Der Geier, der es hörte, fragte: Wer kommt da? Langohr sagte, als er des Geiers ansichtig wurde: Weh mir, ich bin verloren! Doch ein Fluchtversuch wäre bei unserer geringen Entfernung ein aussichtsloses Unterfangen: So mag's denn gehn, wie es gehn soll! Also hin zu ihm! So dachte er, ging hin und sprach: Würdiger Herr, ich grüße Dich! Der Geier sagte: Wer bist du? Jener sprach: Ich bin ein Kater. Der Geier sagte: So mach, daß du fortkommst, oder du bist ein Kind des Todes! Der Kater sprach: So höre doch erst meine Rede, habe ich dann den Tod verdient, so töte mich!

Denn:

45. Wie sollte jemand um den Stand allein,
Zu töten oder auch zu ehren sein?
Erst prüfe man genau sein Leben,
Dann soll man Tod und Ehre geben!

Der Geier sagte: Nun, so rede! Jener sprach: Bei keuschem Wandel bade ich beständig, lebe daher am Ufer der Gaṅgā, esse kein Fleisch und befleißige mich der Ausübung des Cāndrāyaṇa-Gelübdes. Nun preisen mir allzeit Vögel, welche volles Vertrauen verdienen, Euch als einen des Gesetzes kundigen Mann.

Darum komme ich zu Euch, der Ihr vorgedrungen seid in Wissen und Alter, das Gesetz von Euch zu hören, und nun

finde ich Euch so im Gesetze bewandert, daß Ihr mich, Euren Gast – töten wollt!
Und doch lautet das Gesetz für den Hausvater:

46. Selbst deinen Feind, wenn er dein Haus betrat,
Nimm zu dir auf mit edler Gastlichkeit.
Entzieht der Baum den Schatten, wenn sich naht
Der Mann, der ihn zu fällen ist bereit?

Besitzt man aber sonst kein Gut, so soll man dem Gast wenigstens freundliche und ehrende Worte bieten; heißt's doch:

47. Streu, Erde, Wasser und freundliches Wort,
Nie fehlen die vier an der Trefflichen Ort.

Und weiter:

48. Auch Wesen von verworfnem Stand
Sei dein Erbarmen zugewandt.
Zieht seinen Schein doch nie der Mond
Vom Haus, da ein Cāṇḍāla wohnt.

Der Geier sagte: Ihr Katzen seid aber immer begierig nach Fleisch, und hier wohnen junge Vögel; darum fuhr ich dich so an. Als er dies hörte, da berührte der Kater den Boden und dann die Ohren und sagte: Ich habe das Gesetz studiert und unter Entsagung auf jegliches Vergnügen jenes schwer zu bestehende Gelübde auf mich genommen. Aber in allen den verschiedenen sich widersprechenden Gesetzeslehren, soweit sie Autorität besitzen, herrscht doch darin Meinungseinheit, daß das oberste Gesetz lautet: Du sollst nicht verletzen! Denn:

49. Die keinen andern plagen
Und alles doch ertragen
Und schützen alle andern,
Die sind's, die in den Himmel wandern.

50. Die Tugend nur dir das Geleite gibt,
Die einzge Freundin, wenn's zum Sterben geht;
Doch was du sonst besaßest, das zerstiebt,
Vernichtet, wenn des Lebens Hauch verweht.

Ferner:

51. Wenn einer sich vom andern nährt,
    Seht, welch ein Unterschied!
    Dem ist ein kurzes Wohl gewährt,
    Wenn den das Leben flieht.

Und weiter:

52. Es muß ihn Weh beschleichen,
    Denkt an den Tod der Mann.
    Mit sich soll er vergleichen,
    Schont selbst die Feinde dann.

Höre weiter:

53. Es wird der Körper auch ernährt
    Mit Kräutern, die der Wald gewährt.
    Zu füllen diesen leidgen Magen,
    Wer wird so große Sünde wagen?

So erweckte der Kater Vertrauen und verblieb in der Höhle. Dann aber, als die Zeit dahinschwand, ging er täglich zu den jungen Vögeln, trug sie in die Höhle und verzehrte sie da. Die Vögel, deren Brut vernichtet war, stießen überall kummervolle Klagen aus, und da der Kater merkte, daß sie nach dem Täter suchten, so verließ er die Baumhöhle und machte sich aus dem Staube. Überall suchten die Vögel: Da fanden sie endlich die Gebeine ihrer Jungen in der Baumhöhle, und sogleich kam ihnen der Gedanke, der Geier habe sie gefressen. So hielten sie denn einen Rat und töteten den Geier.

Darum sage ich: Nie sollst du einem Manne Wohnung geben … (s. Vers 44).

Als der Schakal dies vernommen, wurde er zornig und sagte: An dem Tage, da Ihr mit dem Reh zum erstenmal zusammentraft, war ihm Euer Stamm und Sinn auch unbekannt. Wie kommt es also, daß seine Freundschaft mit Euch bis zum heutigen Tage um so inniger wird, je länger sie währt? Heißt's doch auch:

54. ›Ist fremd mir der Mann, oder ist er verwandt?‹
    Also erwägt ein geringer Verstand.

Sind doch die Edlen auf der Erde
Allüberall am heimischen Herde.

Zugleich mit dem Reh werdet natürlich auch Ihr mein Freund. Das Reh sprach: Was soll diese Hinundherrederei? Wir wollen in gegenseitigem Vertrauen beisammen wohnen. Da sagte der Rabe ärgerlich: Nun meinetwegen!

Am nächsten Morgen gingen sie aus, ein jeder, wohin er Lust hatte. Da sagte der Schakal einmal ganz heimlich: Liebes Reh, dort in jener einsamen Gegend des Waldes ist ein Feld, das steht voller Getreide. Ich will dich hinführen und es dir zeigen. So geschah es auch, und das Reh ging nun täglich hin und aß von der Saat. Das bemerkte nach einigen Tagen der Besitzer des Ackers und legte eine Schlinge. Als nun bald darauf das Reh wieder kam und sich wirklich in der Falle gefangen hatte, da dachte es: Hätte ich jetzt nicht jenen Freund, wer vermöchte mich sonst aus dieser Todesschlinge, die mir der Jäger gelegt, zu befreien? Nach einer Weile kam auch der Schakal, trat heran und dachte: Nun, da hätte ja unser listiger Anschlag richtig seine Frucht getragen; sicher werden sich nun meine Wünsche erfüllen. Denn wird das Reh hier zerwürgt, so können mir seine Knochen, noch mit Fleisch und Blut behaftet, nicht entgehen. Das Reh aber freute sich, als es ihn erblickte, und rief ihm entgegen: Ach, lieber Freund, zerschneide meine Fesseln und befreie mich schleunigst, denn:

55. Den Freund erkennst du in der Not,
Die Gattin, mangelt es an Brot,
In Schulden Brave, Tapfere im Streit
Und die Verwandten, naht sich dir ein Leid.

Der Schakal besah sich die Schlinge nochmals und dachte: Nun, fest ist der Strick! Dann sagte er: Lieber Freund, diese Stricke sind aus Därmen gefertigt: wie dürfte ich wagen, sie heute, an einem Feiertage, mit den Zähnen zu berühren? Gewiß bist auch du, lieber Freund, nicht anderer Meinung; morgen früh aber, sobald es dämmert, will ich alle deine Wünsche erfüllen.

Als nun der Rabe gegen Morgen gewahrte, daß das Reh noch nicht heimgekehrt war, machte er sich auf die Suche nach ihm und fand es in dieser Lage. Da fragte er: Lieber Freund, was soll das bedeuten? Das Reh antwortete: Das ist die Frucht der nichtbeachteten Freundesmahnung; heißt's doch auch:

56. Wer sich an Freundes Wort nicht kehrt,
Der Gutes will und Gutes lehrt,
Dem steht das Unheil nahe vor,
Und seinen Feind erfreut der Tor.

Der Rabe fragte: Wo ist der Schakal? Das Reh antwortete: Dort steht er und lauert auf mein Fleisch. Der Rabe sagte: Lieber Freund, hab ich's doch gleich gesagt:

57. Nicht deshalb darfst du schon vertraun,
Weil keinem du ein Leid getan.
Von Schlechtem kannst du immer schaun,
Wie Böses Gute selbst empfahn.

(Mit einem Seufzer:) Elender Betrüger! Was hast du Übeltäter da wieder verbrochen!

Denn:

58. Die wir mit verbindlicher Rede belogen,
Mit geheuchelter Freundlichkeit an uns gezogen,
Die hoffend uns sind und vertrauend gewogen,
Wie werden sie, nahen sie bittend, betrogen?

Ferner:

59. Wer dem, der vertrauet mit heiterm Mut,
Weil er Gutes getan, ein Böses tut,
Den Menschen, der also sein Wort verkehrte,
Wie kannst du nur tragen ihn, heilige Erde?

Auch dies ist der Bösen Charakter:

60. Zu Füßen fällt die Mücke. Doch verzehrt
Des Rückens Blut sie, hast du dich gekehrt,
Summt leise dir ein kosend Wort ins Ohr,
Stürzt plötzlich dann auf deine Blöße vor.
Der Bösen Wandel gleicht in allen Stücken
Dem Treiben jener frechen Mücken.

Da erblickte der Rabe im Morgengrauen den Besitzer des Feldes, wie er mit einem Knüppel in der Hand herankam, und sagte: Mein liebes Reh, stelle dich, als seist du gestorben. Krächze ich dann, so erhebe dich hurtig und laufe davon! Der Besitzer des Feldes kam heran und öffnete seine Augen weit vor Freude, als er das Reh so daliegen sah. Ei, sagte er, das Tier ist ja von alleine gestorben!, löste die Schlingen und war ganz mit dem Aufwickeln seiner Stricke beschäftigt. Da hörte das Reh des Raben Stimme und enteilte. Der Mann warf ihm zwar einen Stock nach, traf aber damit nur den Schakal und tötete ihn. Heißt's doch:

61. Wenn allzugut die Tat und allzuböse ist,
So bringt sie auf der Erde schon
Nach dreier Jahre, Monden, Wochen, Tagen Frist
Dem Täter den verdienten Lohn.

Darum sage ich: Die Freundschaft zwischen Speis und Esser … (s. Vers 43). Der Rabe sagte dagegen:

62. Ihr könntet, Herr, wollt ich Euch auch verzehren,
Nur unbedeutend meine Nahrung mehren.
Wie dein Freund Bunthals, sicherlich,
So lebe, lebst nur du, auch ich.

Und dann:

63. Es können auch Toren Vertrauen empfahn,
Wenn sie nur einmal Gutes getan.
Aber die Edlen, gut von Natur,
Weichen ja nie von der Redlichkeit Spur.

Ferner:

64. Fährt man auch barsch ihn an,
Still bleibt ein edler Mann.
Das Meer wird nimmer wallen,
Einem Strohwischbrand zu Gefallen.

Goldreich sprach: Ja, aber du bist ein unsteter Geselle, und mit einem solchen soll man nie einen Bund schließen. Heißt's doch:

65. Katze, Büffel, Widder, Rabe, Bösewicht
Herrschen, traust du ihnen: drum vertraue nicht!

Dazu steht Ihr nun außerdem auf meiner Feinde Seite. Da paßt doch das Wort:

66. Es sei dein Feind um keinen Preis,
Will er versöhnen dich, erhört.
Vom Wasser, sei's auch noch so heiß,
Wird drum das Feuer doch zerstört.

Und ein anderes:

67. Unmöglich ist, was nimmer möglich ist,
und umgedreht.
Kein Schiff auf festem Land und in der Flut
kein Wagen geht.

Und ein weiteres:

68. Wer seinen Feinden schenkt Vertraun
Und von ihm abgewandten Fraun,
Besitzt er noch so große Habe,
Bald greift er nach dem Bettelstabe.

Leichtflug sagte: Ich habe alles vernommen, was du gesagt, und trotzdem besteht mein fester Wille, Freundschaft mit dir zu schließen: Gehst du nicht darauf ein, so werde ich freiwillig vor deiner Schwelle Hungers sterben. Denn:

69. Dem Tongefäße gleicht die Freundschaft
mit Gemeinen.
Gar leicht sind sie zerstört, und schwer sind
sie zu einen.
Doch wie ein goldner Krug ist guter Menschen Bund.
Gar bald sind sie geeint und gehen schwer zu Grund.

Ferner:

70. Metalle binden sich durch Feuers Gluten,
Aus äußern Gründen Vögel und Getier,
Die Toren einen sich aus Furcht und Gier,
Doch weil einander sie erkannt, die Guten.

Und ein anderer Spruch, nach dem man, hat man seine Wahrheit erkannt, den Umgang mit guten Menschen wünscht, nämlich:

71. Nie wird man die Tugend missen,
Wenn auch Guter Freundschaft schwand.

Ist der Lotusstiel zerrissen,
Eint ihn seiner Fasern Band.

Vernimm noch einen andern Spruch:

72. Einend Mut und Ehrlichkeit,
Treu in Freuden wie im Leid,
Spendend, liebend, rührig, wahr:
Also sei ein Freundespaar.

Wen aber könnte ich finden, der so wie du alle diese Tugenden besäße? – Da kam Goldreich heraus und sagte: Wie Amṛta hat mich eure Rede erquickt. Heißt's doch:

73. Nicht so freut einen, daß nach schwülem Tag
Den matten Leib im Bad er kühlen mag,
Ein Perlenband ihn ziert und allenthalben
Den Körper netzen duftge Sandelsalben,
Als uns das Herz, gleich einem magschen Lied,
Erquickt ein weiser Spruch und an sich zieht.

Und ein anderes:

74. Vor Jähzorn und vor Bettelei,
Geheimnisbruch und Wankelmut,
Vor Lüge, Spiel und Härte sei
Ein Freund besonders auf der Hut.

An dir aber bemerkt man keinen von allen den hier aufgezählten Fehlern, denn:

75. Ob einer redegewandt und wahr,
Aus seiner Rede wird's offenbar.
Doch ob er bescheidenen Sinnes und schlicht,
Liest man gleich anfangs auf seinem Gesicht.

Und ein anderes:

76. Anders hält ein braver Mann den Freundesbund,
Anders geht die Rede aus des Heuchlers Mund.

So sei Euch denn Euer Wunsch gewährt! – Und von Stund an waren die beiden Freunde.

Als Goldreich mit dem Raben Freundschaft geschlossen und ihn mit einem Mahle erquickt hatte, kehrte er in seine Höhle zurück, und auch der Rabe flog nach Hause. Von da ab beschenkten sie sich täglich mit Speise und anderen Gaben, erkundigten sich nach beiderseitigem Wohlergehen und unterhielten sich in traulichen Gesprächen: so verbrachten sie ihre Zeit.

Einst nun sagte der Rabe zu Goldreich: Diese Gegend ist recht unfruchtbar an Nahrung für einen Raben, drum möchte ich gern von hier nach einem andern Orte ziehn. Goldreich sagte: Lieber Freund, wohin willst du gehn?

77. Schon hebt er einen Fuß zum Gehn,
Doch mit dem andern steht der Weise.
Eh' er den neuen Ort besehn,
Begibt er nie sich auf die Reise.

Der Rabe sagte: Lieber Freund, es gibt eine Gegend, die ich sehr genau besehen habe. Goldreich fragte: Nun, und wie schaut's mit ihr aus? Der Rabe berichtete: Im Daṇḍaka-Wald liegt ein See, der heißt Karpūragaura. Dort lebt ein alter, lieber Freund von mir, die Schildkröte Langsam, von angeborner Rechtlichkeit. Ja,

78. Gar leicht ist's, weisen Rat zu geben,
Will andern man das Rechte zeigen.
Doch rechtlich selber stets zu leben
Ist wen'gen Charakteren eigen.

Dieser wird mich mit trefflicher Fischkost versorgen. Goldreich sagte: Was soll aber dann ich hier anfangen?

Denn:

79. Vom Orte, da dich niemand ehrt,
Den Freunde und Verwandte fliehn,
Der aller Wissenschaft entbehrt,
Von diesem Orte sollst du ziehn.

Und ein weiteres:

80. Dort schlage niemals deine Wohnung auf,
Wo man die fünf nicht finden kann:
Den König, Arzt, den reichen Mann,
Den kundgen Priester und den Wasserlauf.

Drum sollst du auch mich dorthin mitnehmen. – So ging denn der Rabe mit dem Freunde zusammen gemächlich unter kurzweiligen Unterhaltungen nach dem See. Langsam sah sie von weitem, stand auf, empfing Leichtflug gastlich, und auch Goldreich genoß seine Gastlichkeit, denn:

81. Ob deinem Haus ein Greis genaht,
Ein Knabe deine Schwelle trat,
Stets sollst du ehren, wie es frommt,
Den Gast, der aus der Fremde kommt.

Der Rabe sagte: Lieber Freund, diesem meinem Begleiter mußt du ganz besondere Ehre erweisen: er ist der erste unter allen, die Gutes tun, ein wahrer Juwelenschacht mitleidiger Güte, der Mäusekönig Goldreich. Kaum würde der Schlangenkönig mit seinen tausend Doppelzungen imstande sein, seine Tugenden würdig zu preisen. Darauf erzählte er das Abenteuer mit Bunthals. Langsam bezeugte Goldreich seine Hochachtung und sagte dann: Wolltet ihr mir wohl sagen, wie es kam, daß ihr in jenen menschenleeren Wald verzogt? Goldreich sagte: Höret, ich will es Euch erzählen.

Vierte Erzählung
Maus und Mönch

In der Stadt Campā steht ein Kloster für Bettelmönche, in welchem der Mönch Cūḍākarṇa wohnt. Dieser pflegt, bevor er sich schlafen legt, seinen Almosentopf samt seiner erbettelten Nahrung, die aus allen möglichen Speiseresten besteht, an einem Pflock aufzuhängen, ich aber sprang hinauf und sättigte mich davon. Einst nun besuchte ihn ein guter Freund, Vīṇākarṇa, der gleichfalls Bettelmönch ist. Während er sich nun mit diesem über alle möglichen Gegenstände unterhielt, klopfte er, mich zu schrecken, auf einen alten zersplitterten Bambusrohrstock. Vīṇākarṇa sagte: Warum hört ihr nicht auf meine Rede und beschäftigt euch mit andern Dingen? Cūḍākarṇa sprach: Lieber Freund, wohl höre ich darauf; aber sieh: Diese Maus macht mir viel Schaden, denn sie zehrt fortwährend von dem Mahl, das in jenem Topfe ist. Vīṇākarṇa sah nach dem Pflock hin und sagte:

Wie kann dieses schwache Mäuschen so hoch springen? Das muß eine ganz besondere Ursache haben; heißt's doch:

82. Wenn plötzlich faßt am Haupte an
Und heftig küßt auf seinen Mund
Die junge Frau den alten Mann,
So hat das ganz besondern Grund.

Cūḍākarṇa fragte: Wie war das? Vīṇākarṇa erzählte:

Fünfte Erzählung
Frau, Buhle und Gatte

Im Lande Gauḍa liegt eine Stadt namens Kauśāmbī, und darin wohnte ein reicher Kaufmann, Candanadāsa. Als dieser sich schon am Abend seines Lebens befand, da hielt noch einmal die Liebe Einzug in sein Herz, und auf seinen Geldsack pochend, heiratete er Līlāvatī, die Tochter eines Kaufmannes. Diese strahlte in der Schönheit ihrer Jugend, und man konnte sie Amors Siegespanier nennen: aber der alte Mann konnte ihr nicht genügen, denn

83. Wie niemand vor des Frostes Pein
Erwärmung sucht im Mondenschein,
Wie niemand vor der Hitze Qual
Erquickung sucht im Sonnenstrahl,
So freut sich nimmer ein Frauengemüt
Des Gatten, dessen Sinne verglüht.

Und ein anderes:

84. Wem wären hold die Frauen,
Beginnt sein Haupt zu grauen?
Auf andre sehn sie lüstern hin,
In jenem sehn sie – Medizin.

Jener Alte aber war gewaltig in sie verschossen, denn:

85. Alle Menschenkinder preisen
Reichtum und ein langes Leben.
Aber mehr noch sind die greisen
Einer jungen Frau ergeben.

Und ein anderes:

86. Nicht mehr vermag sich der Greis zu vergnügen,
Trotzdem doch will er sich auch nicht begnügen.
Gleich einem Hund, dessen Zähne zerbrochen,
Nur mit der Zunge noch leckt er am Knochen.

So überschritt denn Līlāvatī in ihrer Jugendglut die Grenzen, welche ihr die Stellung ihrer Familie steckte, und verliebte sich in einen Kaufmannssohn, denn:

87. Freiheit im Verkehr mit Männern,
Dirnenumgang, Prozessionen,
Aufenthalt in fremdem Lande
Und im Elternhause wohnen,
Hohes Alter ihres Gatten,
Seine Reisen, Nahrungsschwund
Und die Eifersucht des Mannes
Richten eine Frau zugrund.

Und ein anderes:

88. Hang zu Trunk und Hang zum nächtgen Wandern,
Langer Schlaf, Verkehr mit Bösewichtern,
Gattentrennung, Wohnung auch bei andern
Sind sechs Fehler, die ein Weib vernichten.

Ferner:

89. Wenn Ort und Zeit sich nicht vereint,
Sie den Galan nicht schaun.
Nur dann, o Nārada, erscheint
Noch Keuschheit bei den Fraun.

Und ein weiteres:

90. Nicht Scham, noch Rücksicht oder Scheu,
Nicht Sittsamkeit ein Weib bekehrt.
Nur dann ist sie dem Gatten treu,
Wenn keiner ist, der sie begehrt.

Und ein anderes:

91. Das Weib ist wie ein Buttertopf,
Der Mann wie Kohlenglut erscheint.
Wer Kohlenglut mit Butter eint,
Der ist ein unverständger Tropf.

Und ein ferneres:

92. Der Vater schützt sie in den Mädchenjahren,
    Und die Gemahlin soll der Gatte wahren;
    Es schirmt der Sohn die Mutter, ist sie alt;
    Nie habe über sich ein Weib Gewalt.

Einst nun saß diese Līlāvatī mit ihrem Kaufmannssohn gemächlich in traulichem Gespräch auf dem Diwan, der bunt schillerte von den Strahlen der Perlenschnüre, mit denen er geschmückt war, da sah sie auf einmal, wie ihr Gemahl unbemerkt herangekommen war, sprang sogleich auf ihn zu, faßte sein Haupt, umschlang ihn heftig und küßte ihn: so konnte ihr Galan entkommen. Eine Kupplerin aber, die sich in der Nähe befand, war Augenzeugin dieser Umarmung gewesen, und sie dachte: Wenn plötzlich faßt am Haupte an … (s. Vers 82). Darum teilte sie dem Gatten die Sache mit, und Līlāvatī erhielt ihre Strafe.

Darum sage ich: Es muß irgendeinen bestimmten Grund haben, daß diese Maus so bei Kräften ist. So überlegte er eine Weile; dann sagte er: Und hier liegt der Grund sicherlich im Reichtum, denn:

93. Überall und immer mächtig
    Ist der Reiche in der Welt.
    Immer ist das Geld die Wurzel,
    Die der Fürsten Macht erhält.

Da nahm der Mönch einen Spaten, grub meine Vorratskammer auf und belegte mein Gut, das ich in so langer Zeit aufgespeichert, mit Beschlag. Hinfort war ich meiner Kraft beraubt, meine Lebensenergie war geschwunden. Nicht einmal die notwendige Nahrung konnte ich mir mehr verschaffen, und so schlich ich in steter Furcht gar langsam einher. So sah mich Cūḍākarṇa und sagte:

94. Macht kann man in dieser Welt
    Und Wissen nur durch Geld erreichen.
    Diese jämmerliche Maus,
    Sie ist nun wieder ihresgleichen.

95. Fehlt einem Mann der kluge Sinn
Und mangelt ihm dazu das Gut,
So schwinden seine Taten hin
Wie Flüsse in des Sommers Glut.

Und ein weiteres:

96. Dem Reichen jeder ist befreundet,
Dem Reichen jeder ist verwandt;
Der Reiche ist ein Mann auf Erden,
Der Reiche nur hat hier Verstand.

Und ein anderes:

97. Des Söhnelosen Haus ist leer
Und des, dem Guter Freundschaft fehlt,
Die Erde rings um Toren her,
Doch alles dem, den Armut quält.

Und ferner:

98. Du bist ein starker Mann,
Mit Sinnen und Verstand,
Der immer Kluges sann,
Im Reden viel gewandt,
Wärmt dich des Geldes Brand;
Doch diesen Brand erstick,
Du änderst dich fürwahr.
In einem Augenblick
Bist du ein andrer gar –
Ist das nicht wunderbar?

All dies hörte ich mit an, und da überlegte ich mir, daß es nicht ratsam sei, länger an jenem Orte zu verweilen. Freilich ebensowenig ratsam ist es, daß ich jetzt diese ganze Geschichte einem Fremden erzähle, denn:

99. Häuslich Unglück, Gutes Schwund,
Kummer in des Herzens Grund,
Angetanen Spott und Trug,
Die verschweige, bist du klug.

Heißt's doch:

100. Wenn gänzlich das Schicksal sich abgewandt
Und nichts mehr erschaffet die männliche Hand,

Wo fänd ein verständiger Armer noch Glück,
Zög er sich nicht in die Wälder zurück?

Und ein anderes:

101. Es geht ein Weiser in den Tod,
Eh er in Armut schaltet.
Die Flamme lischt, wenn sie verloht,
Doch nimmer sie erkaltet.

Ferner:

102. Im Walde soll der Weise vergehn,
Wie im Walde die Blumen schwinden,
Oder am Haupte der Menschen stehn,
Wie Blumen die Schläfen umwinden.

Und das Leben, das die Bettler hier führen, gar heftig wird es getadelt, denn:

103. Einen harten, kargen Mann
Geh um keine Gabe an.
Eher sollst mit deinem Leben
Nahrung du dem Feuer geben.

Und ein anderes:

104. Scham bringt die Armut, Kraftverlust die Scham,
Entkräftung Hohn, Hohn Kleinmut, Kleinmut Gram,
Und Gram betört; ins Elend stürzt der Tor.
All Unheil sich den Armen auserkor.

Ferner:

105. Besser geschwiegen, als Lüge gesprochen,
Unmächtig besser, als Ehe gebrochen,
Besser als Lust an Verleumdung der Tod
Und als Schmarotzerbrot – Bettelbrot.

Weiter:

106. Wie Dienst zerstört ein stolz Gemüte,
Wie Finsternis verscheucht des Mondes Schein,
Wie Alter raubt der Anmut Blüte,
Und Hariharakathā der Sünden Pein:
So betteln all die Tugenden dein.

Indem ich mir so meine Lage überlegte, dachte ich: Warum aber nähre ich mich denn auch hier von einer andern

Speise? Ich Elender! Wenn's auch Nahrung ist, so ist's ja doch nur ein zweites Tor des Todes.

Denn:

107. Die Wissenschaft, die Kleinigkeiten lehrt,
Die Liebe, die man gibt und nimmt für Geld,
Die Speise, die ein andrer uns gewährt,
Das sind zum Spott drei Gründe in der Welt.

Und ein anderes:

108. Für einen Kranken, einen weit Gereisten,
In fremdem Haus Quartierten und Gespeisten:
Für diese ist das Leben – Tod,
Und Tod – Erlösung aus der Not.

Trotz aller dieser Gedanken aber versuchte ich's doch wieder, mich am Gute dieser Männer zu vergreifen; heißt's doch:

109. Die Klugheit wandelt das Verlangen,
Verlangen zeugt betörte Gier,
Die Gier bringt Weh uns nur und Bangen
In jener andern Welt und hier.

Da schlug mich Vīṇākarṇa mit jenem alten Bambusrohr, und ich mußte daran denken, daß ein unzufriedener Geizhals immer nur sich selbst verletzt. Darum heißt's:

110. Jede Glückesgabe freut
Den zufriednen Mut;
Leder all die Erde beut,
Ist dein Fuß beschuht.

Und ein anderes:

111. Das Glück, das ein zufriedner Sinn gewährt,
Der von des Frohsinns Amṛta sich nährt:
Wie könnt es in der Giergen Herzen rasten,
Die ruhlos hierhin bald, bald dorthin hasten?

Weiter:

112. Der ist in allem gelehrt,
Hat alles gehört und getan,
Der der Hoffnung den Rücken gekehrt
Und nichts mehr begehrt zu empfahn.

Ferner:

113. Der nie an Fürstentüren stand,
Der nie der Trennung Weh empfand,
Dem sich kein weibisch Wort entwand:
Der Hehre ist mir – unbekannt.

Denn:

114. Nicht hundert Meilen einer zählt,
Wenn ihn die Gier nach Schätzen quält.
Doch der Zufriedne schaut nicht hin,
Hält seine Hand schon den Gewinn.

Drum soll man in jeder Lebenslage genau bedenken, was man tun muß.

115. Was ist Glück? Gesundheitsblüte.
Was ist Tugend? Mitleidshegung.
Was ist Liebe? Herzensgüte.
Was ist Weisheit? Überlegung.

Darum:

116. Des Stammes wegen sei geflohn der eine;
Den Stamm gib auf, erfordert's die Gemeine;
Die opfre, wenn's des Reiches Wohl begehrte,
Um deinetwillen aber flieh die Erde.

Und ein anderes:

117. Wasser hast du sonder Not,
Doch Gefahr bringt süßes Brot.
Draus erkennt mein Auge klar,
Ruhe nur ist Glück fürwahr.

So bin ich denn in die Waldeseinsamkeit gegangen. Zum Lohne für meine Erhebung zum frommen Wandel wurde ich dann mit diesem Freunde gesegnet, und jetzt, da ich in Frömmigkeit verharrte, ward mir nun auch der Himmel zuteil durch die Verbindung mit euch, denn:

118. Ein Baum ist unsre Welt, von giftgen Früchten
schwer,
Doch auch zwei edle Früchte zeitigt sie.
Die eine ist: mit Guten freundlicher Verkehr,
Die andre Nektarfrucht ist Poesie.

Langsam sagte: Ihr hattet zuviel Vorräte gesammelt, denn:

119. Sein Gut zu wahren, muß
Man immer davon spenden,
Wie ihren Überfluß
Die Seen zur Wiese senden.

Und ein anderes:

120. Wer zum Opfer bringt sein Wohlbehagen,
Nur um Schätze zu erjagen,
Ist wie die, die fremde Lasten tragen,
Ein Gefäß allein für Plagen.

Und ein weiteres:

121. Wenn Leute sich durch Gut als reich betrachten,
Das ihnen nicht, nicht andern wird zur Labe,
Was hindert's, daß auch wir uns reich erachten
An dieser Leute ungenutzter Habe?

Und ein anderes:

122. Dem Geizhals quillt aus seinen Schätzen
kein Genuß,
Sie sind mit andern ihm gemein,
Und daß die Güter wirklich sein,
Das zeigt uns nur sein Schmerz,
wenn er sie lassen muß.

Heißt's doch:

123. Gaben, die die Worte nicht verleiden,
Gut geeint mit Spende, milde Helden
Und gelehrte Männer, die bescheiden,
Diese vier sind äußerst selten.

Auch heißt es:

124. Man soll gewiß sich Gut erwerben,
Doch zu viel nicht zusammentragen.
Der gierige Schakal ward erschlagen
Vom Bogen dort und mußte sterben.

Jener sagte: Wie war das? Langsam erzählte:

Sechste Erzählung
Jäger, Gazelle, Eber und Schakal

In der Stadt Kalyāṇakaṭaka wohnte einst ein Jäger, der hieß Grausig. Dieser pirschte einst, Wild zu erjagen, mitten in dem Walde umher, der das Vindhya-Gebirge deckt. Dort erlegte er eine Gazelle, ging mit dieser weiter und erblickte einen Eber von schrecklicher Gestalt. Sogleich warf er die Gazelle auf die Erde und verwundete den Eber mit einem Pfeilschuß. Das Tier stürmte auf ihn ein mit gräßlichem, donnerähnlichem Heulen und verletzte ihn am Unterleib, so daß er zu Boden fiel wie ein gefällter Baum.
Denn:

125. Waffen, Gifte, Feuers Flammen,
Hunger, Absturz, Sorgen auch:
Diese Dinge allzusammen
Rauben uns den Lebenshauch.

Da sah ein Schakal, Weitschrei mit Namen, der auf einem Beutezug begriffen war, die Leichen von Gazelle, Jäger und Eber und dachte: Da fallen mir doch recht reichliche Vorräte zu!

126. Wie hier ein unerwartet Leid
Auf diese Wesen stürzt hervor,
Ist jenen wieder Glück bereit,
Ganz wie das Schicksal es erkor.

Auf einen Monat sicherlich wird mir dieses Fleisch vollauf gewähren, was ich für meinen Unterhalt bedarf. Zum Stillen des ersten Hungers aber will ich die fade Sehne verzehren, die des Bogens Enden verbindet. So tat er auch: Als aber die Sehne zernagt war, da sprang der Bogen schnell in die Höhe, verwundete ihn schnell in der Herzgegend, und so mußte jener Weitschrei sterben.
Darum sage ich: Man soll gewiß sich Gut erwerben ... (s. Vers 124). Ferner:

127. Was er genoß, was er als Gabe bot,
Nur das besaß ein Mann von seinen Schätzen,

Da sich an seinen Frauen, ist er tot,
An seinen Gütern andre auch ergötzen.

Doch das sei jetzt vergessen! Was nützt es uns, wenn wir uns in die Vergangenheit versenken?
Denn:

128. Ein sinniger, verständger Mann
Wünscht nicht, was er nicht haben kann,
Betrauert nicht, was ihm entschwand,
Bewahrt im Unglück den Verstand.

Darum, lieber Freund, heißt's immer: tatkräftig handeln!
Denn:

129. Gelehrte gibt's, die immer Toren bleiben,
Und weise ist allein der tätge Mann.
Wie kann das Übel ein Rezept vertreiben,
Wenn sich's der Arzt auch noch so gut ersann?

Und ein anderes:

130. Wem sich zum Wissen nicht die Tat gesellt,
Wird seinen Segen nie empfinden,
So wie ein Licht, auf seine Hand gestellt,
Kein einzig Ding zeigt einem Blinden.

Drum sei vergnügt, trotzdem sich deine Verhältnisse geändert, und mache dir keine Gedanken, wenn es heißt:

131. Da Menschen, Nägel, Zähne, Haar
Sofort um alle Würde kommen,
Wenn sie von ihrem Ort genommen,
So bleibt ein Weiser, wo er war.

Das ist das Geschwätz minderwertiger Menschen, denn:

132. Der Löwe, Brave, Elefant
Sich andern Landen stets gesellen.
Zugrunde gehn im Vaterland
Die Krähen, Wichte und Gazellen.

Heißt's doch:

133. Was ist für einen Helden von Verstand
Die Fremde und das Vaterland?
Das Reich, dahin der Zufall ihn gebracht,
Erwirbt ihm seiner Arme Macht.

Im Wald, darein der Löwe eben dringt
Und Zähne, Schweif und Klauen schwingt,
Den Elefanten würgt sein kühner Mut,
Löscht sich den Durst in seinem Blut.

Und ein anderes:

134. Wie Frösche springen in den seichten Graben,
Wie Fische sich im vollen Teiche laben,
So zieht zu sich des Glückes Gaben hin,
Wer vorwärts immer strebt mit Tatensinn.

Weiter:

135. Die Freuden soll man froh genießen
Und lasse sich kein Leid verdrießen,
Da sich uns, wie auf einem Rad,
Bald Mißgeschick, bald Freude naht.

Und ein anderes:

136. Zum treuen Freunde, rasch Entschlossnen,
Geschäftsgewandten, Unverdrossnen,
Zum Mann, der üblen Sitten feind,
Der Dankbarkeit mit Mut vereint,
Eilt Lakṣmī in behendem Lauf:
Dort schlägt sie ihre Wohnung auf.

Besonders aber:

137. Auch ohne Geld
In hohen Ehren lebt der Held.
Auch goldbedeckt
Verachtung nur der Schwächling weckt.
Trotz goldnem Band
Kein Hund noch Löwenwürde fand
Naturentflammt
Und seinem großen Sinn entstammt.

Ferner:

138. Du blähst dich, ist dir Gut gewährt,
Verzweifelst, wenn es dir entschwand.
Der Mensch herauf-, herunterfährt
Gleich einem Spielball in der Hand.

Sieh:

139. Junges Korn und Wolkenschatten,
Geld und Böser Freundlichkeit,
Junge Fraun und Jugend spenden
Uns Genuß für kurze Zeit.

Und ein anderes:

140. Bemüh dich nicht um Leibes Wahrung,
Der Schöpfer ist's, der dich erquickt.
Die Brüste strömen ihre Nahrung,
Sobald ein Kind die Welt erblickt.

Mein lieber Freund,

141. Der, der die Schwäne weiß gemacht
Und grün die Papagein,
Den Pfauen gab der Farben Pracht,
Sorgt auch für dein Gedeihn.

Und ein anderes: Höre, mein Freund, der Guten Geheimnis:

142. Das Geld bringt Schmerzen, geht's dahin,
Und Leiden bringt es beim Erringen,
Im Glück betört es deinen Sinn.
Wie sollten Schätze Freude bringen?

143. Besser, nicht die Hand nach Geld zu strecken,
Als es suchen, selbst zu frommen Zwecken.
Ist's doch immer besser, rein zu sein,
Als vom Schmutz sich badend zu befrein.

144. Den Vöglein wird, was in den Lüften schwebt,
Den Tieren, was am Boden kriecht, zur Beute,
Den Fischen alles, was im Wasser lebt,
Und allem überall die reichen Leute.

145. Von Fürsten, Wasser, Diebesbanden,
Von Feuer und von Anverwandten
Ist stets ein reicher Mann bedroht,
Wie alles, was da lebt, vom Tod.

146. Zwar voll von Schmerzen ist das Leben,
Doch kann es keinen größern geben
Als den des unerfüllten Willen
Und den, daß nichts den Wunsch kann stillen.

147. Erst ist es schwer, sich Schätze zu erwerben;
Dann ist es schwer, den Schatz in Hut zu bringen;
Sein Untergang ist bitter wie das Sterben.
Drum wende deinen Sinn von diesen Dingen.

148. Geben wir die Habsucht auf,
Wer ist mächtig, wer ist nieder?
Lassen wir ihr freien Lauf,
Herrscht sofort die Knechtschaft wieder.

149. Wie wir auch unsern Wunsch gestalten,
Stets folgt ein neuer auf den alten.
Und doch ist volle Wunscherhörung
Allein die volle Wunschzerstörung.

Was braucht's vieler Worte? Möget ihr recht lange in Liebe vereint mit mir hier leben, denn:

150. Nur edle Menschen lieben bis zum Lebensende,
Sind kurz in ihrem Zorn und selbstlos in der Spende.

Leichtflug sagte: Du bist ein braver Mann, lieber Langsam, und alle Tugenden eines rechten Wirtes, du besitzest sie.

151. Die guten Menschen sind's allein,
Die Gute retten aus der Not,
Wie Elefanten ihn befrein,
Versank ein Elefant im Kot.

152. Zu preisen ist auf Erden dieser Mann,
Und allen Edlen schreitet er voran,
Von dem der Arme, der um Hilfe fleht,
Nicht mit getäuschter Hoffnung fürder geht.

So blieben sie denn dort in Zufriedenheit und Glück beieinander.

Da gesellte sich einst zu ihnen eine Gazelle, Buntleib mit Namen, von einem Menschen aufgescheucht. Weil sie nun fürchteten, der Mann, der sie erschreckt, eile ihr nach, flüchtete Langsam ins Wasser, die Maus verkroch sich in ihre Höhle, und der Rabe flog auf einen Baum. Obgleich aber der Rabe lange und sorgfältig Ausschau hielt, konnte er doch nichts Gefährliches entdecken. Darum rief er die andern wieder herbei. Da sagte Langsam: Sei schön willkom-

men, liebe Gazelle: nimm Wasser und sonstige Erquickung, soviel du ihrer beliebst; bleibe hier und betrachte unsern Wald, als wäre er dein Eigentum. Buntleib erwiderte: Ein Jäger scheuchte mich, darum suchte ich bei euch Schutz, und nun bitte ich euch um eure Freundschaft. Goldreich sprach: Nun, unsere Freundschaft habt Ihr schon, dazu bedarf's für Euch keiner sonderlichen Mühe.
Denn:

153. Es sind auf Erden nur zu finden vier Arten Freunde,
sollst du wissen:
Ererbte, Schwäger und Verwandte
und die du aus der Not gerissen.

So bleib' denn hier und tu, als wärst du zu Hause. Da freute sich die Gazelle, aß, trank, war lustig und guter Dinge und schlug ihre Wohnung unter einem Baume auf, der am Ufer stand. Da sagte Langsam: Lieber Freund, wer hat dich in diesem stillen Walde gescheucht? Kommen auch hierher bisweilen Jäger? Da sprach die Gazelle: In Kaliṅga herrscht ein König, der heißt Rukmāṅgada, der ist ausgezogen, ein Land zu erobern, hat sich an der Candrabhāgā gelagert, und morgen früh beizeiten wird er vermutlich in der Nähe des Sees Karpūragaura sein; wenigstens habe ich diese Versicherung aus Jägermunde vernommen. Da also auch dieser Ort morgen früh nicht sicher ist, so wollen wir die nötigen Maßregeln ergreifen. Die Schildkröte sagte: Da gehe ich nach einem andern Wasser! und Rabe und Gazelle sprachen: So sei es! Goldreich aber meinte nachdenklich: Wenn Langsam einmal wieder im Wasser ist, dann ist er geborgen; wie will er sich aber schützen, so lang er auf dem Trocknen geht? Denn:

154. Im Wasser sich das Wassertier versteckt,
Das Fußvolk wird durch seinen Stand geschützt,
Durch Festungswall die Krieger sind gedeckt,
Und Schweigsamkeit ist's, die dem Fürsten nützt.

Goldreich sagte: Lieber Leichtflug, handelt er nach deinem Rate, so wird dir's so gehn:

155. Wie seine Frau an fremdem Herzen
Der Kaufmann selber mußte sehn
Und ihn durchzuckten wilde Schmerzen:
So wird's, mein Freund, auch dir ergehn.

Die beiden andern fragten: Wie war das? Goldreich erzählte:

Siebente Erzählung
Rājput, Kaufmannsfrau und Kaufmann

Im Lande der Kānyakubja wohnte der König Vīrasena, der hatte in der Stadt Vīrapura den Rājputen Tuṅgabala zum Statthalter ernannt. Als dieser reiche Jüngling einst in seiner Stadt spazierenging, da sah er ein im Liebreiz der Jugend strahlendes Weib, Lāvanyavatī mit Namen, die Gemahlin eines Kaufmannssohnes. Als der Rājput in seinen Palast zurückgekehrt war, sandte er, da sein Herz von Amors Pfeil gefährlich verwundet war, eine Kupplerin, sie zu gewinnen. Aber auch Lāvanyavatīs Herz hatte Amors Pfeil gefährlich verwundet, und daher war der Rājput ihr einziger Gedanke. Heißt's doch:

156. Nie liebt einen Mann die Frau,
Nie sie einen Mann verachtet,
Wie die Kuh in Waldesau
Stets nach neuen Kräutern trachtet.

Doch sagte Lāvanyavatī, als sie der Kupplerin Auftrag vernommen: Ich bin meinem Gatten treu ergeben, denn:

157. Die ist die Frau, die gut das Haus regiert,
Die ist's, die Kinder dem Gemahl gebiert,
Die ist es, der ihr Gatte ist ihr Leben,
Die ist es, die dem Gatten treu ergeben.

158. Als rechte Gattin ist nicht die bekannt,
Mit der der Gatte nicht zufrieden.
Gelobt sie Treue doch beim heilgen Brand
Dem Mann, der ihr zum Schutz beschieden.

Drum werde ich nur das tun, aber auch ohne mich zu bedenken, was der Herr meines Lebens mir befiehlt. Die Kupplerin fragte: Ist das wirklich wahr? Lāvanyavatī sagte: Allerdings ist es wahr. So ging denn die Kupplerin wiederum zu Tuṅgabala und erstattete ihm getreuen Bericht. Tuṅgabala sagte: Was ist da zu tun? – Der Herr Gemahl wird sie euch persönlich ausliefern. – Wie wäre das möglich? – Die Alte sagte: Das müssen wir nur schlau anfangen; heißt's doch:

159. Was man mit Schlauheit leichter tut,
Versuche nicht mit Heldenmut.
Sein Leben ließ der Elefant,
Den Schakals Schlauheit überwand.

Der Rājput fragte: Wie war das? Jene erzählte:

Achte Erzählung
Elefant und Schakal

Im Brahma-Walde wohnte ein Elefant, Karpūraṭilaka mit Namen. Diesen sahen die Schakale, und sogleich hatten sie alle den Gedanken: Gelänge es uns durch eine List, diesen zu erlegen, so wären wir durch seinen Leichnam auf vier Monate hinreichend mit Fleisch versorgt. Da gab ihnen jener alte Schakal das Versprechen, ein Mittel zu ersinnen, um ihn umzubringen. So ging denn der Verräter hin zu Karpūraṭilaka, warf sich in Ehrfurcht vor ihm in den Staub und sagte: Herr, sieh mich gnädig an! Der Elefant sprach: Wer bist du und was willst du? Jener sagte: Ich bin ein Schakal, abgesandt zu Euch von einer Versammlung der Tiere des Waldes, zu vermelden, daß Euch, den alle Herrschertugenden schmücken, bestimmt ist, zu dieses Waldes König gesalbt zu werden, da es nun einmal nicht angängig ist, ohne König zu leben. Denn:

160. Wer edel von Geschlecht,
An Sitten völlig rein,
Ein Richter, der gerecht,

Umglänzt von Hoheitsschein,
Gewandt in Staatenführung,
Der schickt sich zur Regierung.

Sieh auch ein anderes:

161. Erst soll man nach dem Fürsten streben,
Dann nach der Gattin, dann nach Geld.
Wer sollt uns Gut und Gattin geben,
Gäb's keinen König in der Welt?

Und ein anderes:

162. Wie uns die Regenwolke nützt,
So ist's der König, der uns schützt.
Man lebt, ist auch die Wolke klein:
Doch wer kann ohne König sein?

Ferner:

163. Ein Mann, der sich von selbst in Schranken hält
Und rechtlich ist, ist selten in der Welt,
Die, untertan, vom Stocke wird regiert.
Selbst eine edle Braut, aus Furcht vorm Stabe,
Sie folgt dem Gatten, wenn auch keine Habe,
Wenn ihn auch Schönheit nicht und Stärke ziert.

Drum folget mir unverzüglich und laßt die günstige Sternenstunde nicht vorübergehn! So sprach er, erhob sich und ging davon, und jener törichte Karpūraṭilaka, den die Herrschgier hinterdreinzog, folgte auf dem Wege, den der Schakal ging, und versank dabei im Sumpfe. Da rief der Elefant: Lieber Schakal, was soll ich machen? Sieh, ich stecke fest im Schlamm! Der Schakal aber lachte und sprach: Ergreife Eure Majestät mit dero Rüssel meinen Schwanz und richte sich daran wieder auf! Warum hast du meinen Worten getraut! heißt's doch:

164. Folgst du, wenn gute Menschen winken,
So wird dein Wohl sich stetig mehren.
Doch wirst mit Bösen du verkehren,
So wirst du sinken nur und sinken.

Darum sage ich: Was man mit Schlauheit leichter tut … (s. Vers 159).

Nun machte der Rājput auf den Rat der Kupplerin jenen Kaufmannssohn – er hieß Cārudatta – zu seinem Kammerdiener und verwandte ihn als solchen zu Geschäften vertraulicher Natur. Einst nun hatte der Rājput gebadet, sich gesalbt und Gold- und Juwelenschmuck angelegt und sagte zu ihm, er wolle einen Monat lang ein der Gaurī getanes Gelübde erfüllen. – Bringe mir von heute ab jede Nacht ein Mädchen aus edlem Geschlecht: ich will ihm gebührende Ehre erweisen. – So brachte denn Cārudatta ein Mädchen und übergab's ihm, verbarg sich aber dann und beobachtete, was jener tun würde. Tuṅgabala enthielt sich indessen jeder Berührung der Jungfrau, verehrte ihr Gewänder und Schmuck und entließ sie dann sogleich unter dem Schutze eines beigegebenen Begleiters. Der Kaufmannssohn, dadurch vertrauensselig geworden, brachte das nächste Mal, von seiner Habgier dazu getrieben, seine eigne Gemahlin und übergab sie dem Rājputen. Als dieser aber seine herzgeliebte Lāvanyavatī erkannte, da sprang er auf, schloß sie fest in seine Arme und ließ sich mit ihr wollustgeschlossenen Auges auf seinem Diwan nieder. Da verfiel der Kaufmannssohn, der wie versteinert dastand und nicht wußte, was er tun sollte, in tiefsten Kummer.

Darum sage ich: Wie seine Frau an fremdem Herzen ... (s. Vers 155), wird's auch dir gehn. In seiner Bestürzung aber achtete Langsam nicht des guten Rates, den jener gegeben, sondern verließ sein Wasser, ganz als hätte ihm die große Angst den Verstand genommen, und ging von dannen; Goldreich aber und die andern gingen ihm nach. Da wurde Langsam von einem im Walde pirschenden Jäger gefangen. Der Jäger hob ihn auf, band ihn an seinen Bogen, und weil er von seinem Streifzug ermüdet war, so trat er seinen Heimweg an. Da wurden Gazelle, Rabe und Maus sehr traurig und gingen hinterdrein.

Goldreich sagte:

165. Bevor ich noch das erste Leid bestanden
Und gleichsam übers erste Meer geschwommen,

Ist nun ein zweiter Kummer schon vorhanden.
Wo ein Riß ist, bald andre Schmerzen kommen.

166. Wer uns befreundet von Natur,
Wen uns ein gutes Schicksal bot,
Nicht weicht er von des Freundes Spur,
Wenn schweres Unheil ihn bedroht.

167. Nicht Müttern, Brüdern, nicht sich selbst,
nicht ihren Fraun
So sicher Männer wie dem treuen Freunde traun.

Wieder sank er in Nachdenken: Wehe über meinen Unstern!

168. Das Unglück und das Glück
Verschiedentlich uns nahn.
Sie bringen uns zurück,
Was selber wir getan.
Auch mir sind sie hienieden
Im Wechsel oft beschieden.
Sie werden uns gegeben
Wie ganz erneute Leben.

Oder auch so verhält sich's:

169. Es drohet stets dem Körper Pein,
Und Unglück muß aus Glück entstehn;
Was sich geeint, muß sich entzwein,
Und was entsteht, zugrunde gehn.

Wehe mir!

170. Wer hat das Mittel gegen Gram und Graun,
Für Liebe das Gefäß und für Vertraun,
Wer hat uns jenes edlen Steines Pracht,
Wer diese eine Silbe: ›Freund‹, gemacht?

Ferner:

171. Den Freund, der Augen Lebenselixier,
Der eine Wonne ist für unser Herz,
Der mit dem Freunde Freude teilt und Schmerz,
Nur schwer erwirbst du einen solchen dir.
Doch viele andre schmeichelnd an dir hangen
Und gehen dir an allen Orten nach.

Nach deinen Schätzen tragen sie Verlangen.
Und Freunde Prüfstein ist das Ungemach.

So klagte Goldreich lange Zeit; dann aber sagte er zu Buntleib und Leichtflug: Wir müssen 'alles aufbieten, Langsam zu retten, bevor der Jäger noch den Wald verlassen. Jene sagten: So sage schnell, was wir tun sollen. Goldreich sprach: Buntleib soll sich an einem Gewässer niederlegen und sich totstellen; der Rabe aber soll sich darauf setzen und mit dem Schnabel – natürlich nicht zu sehr – ihn behacken. Sollte da nicht der Jäger, gierig nach dem Fleisch der Gazelle, die Schildkröte wegwerfen und schnell hinzulaufen? Dann will ich Langsams Fesseln lösen. Buntleib und Leichtflug eilten, dies auszuführen, und als der Jäger abgemattet herbeikam, um von dem Wasser zu trinken, und sich niedergesetzt hatte, da sah er die Gazelle in dieser Lage. Erfreut zog er sein Messer heraus und ging auf sie zu. Indessen ging Goldreich hin und löste die Fesseln der Schildkröte: und diese tauchte sogleich ins Wasser. Die Gazelle aber entfloh, als sie sah, daß der Jäger herangekommen war. Da kehrte der Weidmann unter den Baum zurück, und als er auch die Schildkröte nicht mehr sah, da dachte er: Recht geschieht mir, da ich gehandelt, ehe ich überlegt hatte, denn:

172. Wer, Ungewisses aufzufinden,
Das Sichre gibt aus seiner Hand,
Dem wird das Ungewisse schwinden,
Wenn das Gewisse schon entschwand.

So ging er, der dieses Schicksal selbst verschuldet hatte, hoffnungslos nach dem Lager zurück. Langsam aber und die übrigen alle, von Gefahr befreit, gingen wieder heim und lebten glücklich beieinander.

*

Da sagten die Prinzen fröhlichen Herzens: Wir sind hocherfreut, und was wir gewünscht, das ist vollendet. Viṣṇuśarman sagte: Dieser eine Wunsch also ist euch erfüllt. Möge es auch so gehn mit diesem andern:

173. Ein treuer Freund, er sei auch euch beschieden;
Die Völker fördre gnädig Śrī hienieden;
Nur solche Fürsten, die der Pflicht gedenken,
Nur solche mögen Nationen lenken;
Liebt so das Leben, das ein Guter wählt,
Wie ein Gemahl, das eben euch vermählt;
Der Gott, des Stirne Halbmondsstrahlen schmücken,
O möchte segnend er die Welt beglücken!

Zweites Buch
Der Freundschaftsbruch

Da sagten die Prinzen: Würdiger Herr, die Erzählung vom Freundesfund haben wir nun vernommen, jetzt möchten wir gern die vom Freundschaftsbruche hören. Viṣṇuśarman sprach: Höret, ich will sie erzählen. So lautet in ihr die erste Strophe:

1. Im Walde waren Stier und Leu,
Sich zugetan in Lieb' und Treu'.
Da machte diesem Freundesglücke
Ein Ende bald des Schakals Tücke.

Die Prinzen fragten: Wie war das? Viṣṇuśarman erzählte:
Im Dekhan liegt eine Stadt, die heißt Suvarṇā, und in ihr wohnte der Kaufmann Vardhamāna. Dieser war zwar sehr vermögend. Als er aber auf seine steinreichen Verwandten hinsah, da reifte in ihm der Entschluß, sein Gut noch ferner zu vermehren, denn:

2. Die sich mit Ärmren nur vergleichen,
Die werden Schätze nie erreichen.

Doch die sich Größre stets betrachten,
Die sind's, die sich für arm erachten.

Und ein weiteres:

3. Selbst den Brahmanen-Mörder ehrt die Welt,
Besitzt er nur das nötge Geld.
Und wär er selbst dem Monde gleich an Adel,
Es trifft den Armen Spott und Tadel.

Und ein anderes:

4. Wer lässig, träge und ein Fatalist
Und nicht zu einem Wagstück fähig ist,
Den läßt Fortuna nie in ihren Armen,
Wie keinen Greis die junge Frau, erwarmen.

Ferner:

5. Bangigkeit, Genügsamkeit,
Trägheit, Weiberfügsamkeit,
Krankheit auch und Heimatliebe
Hindern aller Größe Triebe.

Denn:

6. Den Mann, der fröhlich und zufrieden,
Ist ihm ein kleines Glück beschieden,
Den hat das Schicksal aufgegeben,
Und nichts mehr tut es, ihn zu heben.

Und ein weiteres:

7. Wer feige, jede Arbeit scheut,
Wer traurig, wer den Feind erfreut:
O möchte nie ein Weib das Leben
So freudelosem Sohne geben.

Heißt's doch:

8. Was er noch nicht erwarb, soll er erstreben,
Was er erwarb, das soll er gut verwalten,
Und Neues füge stets er noch zum Alten,
Dann soll das Gut er würdgen Leuten geben.

Denn wenn jemand etwas, das noch nicht in seinem Besitze ist, nicht begehrt, so wird er es auch nicht erlangen, weil er sich nicht darum bemüht. Was man schon erworben, aber nicht gut verwaltet, das zerrinnt von selbst wieder. Vermehrt man aber sein Gut nicht, so wird es, wie Augensalbe, auch wenn man sparsam damit umgeht, mit der Zeit doch aufgebraucht. Genießt man es aber nicht, dann bringt es vollends gar keinen Nutzen; heißt's doch:

9. Was frommt das Gut, das man nicht spendet
 noch genießt?
Was Vedenkunde, wenn nicht Tugend draus
 entsprießt?
Was frommt die Heeresmacht, der nicht der Feind
 erliegt?
Was frommt der Geist, wenn er die Sinne
 nicht besiegt?

Und ein anderes:

10. Sieh, wie die Augensalbe schnell vergeht,
Sieh den Termitenbau, wie er ersteht!
Drum sei der Arbeit fruchtbar deine Zeit,
Den Veden und der Gabe nur geweiht.

Denn:

11. Selbst ein Gefäß mit weitem Bauch
Erfüllt der Tropfen, wenn er stetig fällt.
So geht's mit allem Wissen auch,
Mit dem Erwerb von Tugenden und Geld.

So dachte er, belud einen Karren mit Gütern mancher Art, schirrte seine Stiere Froh und Lebhaft an und machte sich auf eine Geschäftsreise nach Kāśmīra auf, denn:

12. Welche Last vermag der Starke nicht zu tragen?
Welche Reise mag der Rüstige nicht wagen?
Für den weisen Mann, wo ist ein fremder Ort?
Wer blickt finster wohl, hört er ein freundlich Wort?

Während er nun den großen Wald passierte, der Sudurga heißt, da stürzte Lebhaft und zerschmetterte sich ein Knie. Da dachte Vardhamāna:

13. Was auch ein kluger Mann versucht,
Ein Mann, der unverdrossen:
Für seine Mühe reift die Frucht,
Die das Geschick beschlossen.

Aber:

14. Gib nie dich der Bestürzung hin,
 Sie hindert jeglichen Beginn.
 Verwinde sie mit Geistesstärke,
 Geh hin, vollende deine Werke!

Also ließ Vardhamāna den Lebhaft dort zurück und zog weiter. Lebhaft aber erhob sich und stand auf drei Beinen, denn:

15. Das jedem vorgesteckte Lebensziel
 Beschirmt den Leib, wo er zerrissen,
 Ob er ins Meer, ob er vom Felsen fiel,
 Ob ihn selbst Takṣaka gebissen.

So ging die Zeit dahin, und da Lebhaft nach Belieben umher hinken konnte, sich seine Nahrung zu suchen, so wurde er wieder froh, sein Leib wurde feist, und er begann wieder zu brüllen.

Nun wohnte in demselben Walde ein Löwe, der hieß Bräunlich, und dieser erfreute sich in ihm der Königswürde, die er durch seiner Arme Kraft erworben hatte. Heißt's doch:

16. Nicht wird im Wald er eingesetzt,
 Kein Weihetropfen ihn benetzt.
 Es ist des Löwen eigne Kraft,
 Die ihm die Königswürde schafft.

Einst nun quälte diesen der Durst, und er ging an die Yamunā, um von ihrem Wasser zu trinken. Da hörte der Löwe Lebhafts Brüllen, wie er ein solches noch nie vernommen; glich es doch dem Dröhnen einer Wolke, die in unseliger Stunde Verderben droht. Da ergriff ihn Angst, und ohne einen Tropfen getrunken zu haben, eilte er nach seiner Höhle zurück, in der er sich, froh, sie erreicht zu haben, ruhig verhielt.

So sahen ihn die Schakale, Rabe und Zwinger, die Söhne seines Kanzlers, und Zwinger sagte zu Rabe: Lieber Rabe, warum hat unser Herr, der doch Wasser trinken wollte, nicht getrunken und verhält sich nun so still? Rabe erwiderte: Lieber Zwinger, ich denke, wir zerbrechen uns darüber nicht den Kopf. Was frommt es, unseres Gebieters Handlungen zu erforschen? Schon lange behandelt uns der König mit Verachtung und manches Leid hat er uns zugefügt. Erwäge dazu noch:

17. Sieh, was der Diener tat, der Gauch,
Der Knechtschaft sich für Lohn erkoren.
Hat er Verfügung und Gebrauch
Des eignen Leibes doch verloren!

18. Dem Büßer brächte ewges Heil,
Ertrüg er dessen einen Teil,
Das ein Gefolge muß an Plagen
Von Sonne, Frost und Wind ertragen.

19. Nur der unbeengte Mann
Froh sein Leben nutzen kann.
Wer ist tot, wenn jene leben,
Die sich fremdem Dienst ergeben?

Und ein anderes:

20. ›So sprich! Verstumme! Wirst du weichen?
So steh doch auf! Fall nieder! Hergesprungen!‹
So spielen mit dem Mann die Reichen,
Sobald der Hoffnungsdämon ihn verschlungen.

21. Für Geld, wie Dirnen, selbst sich schmücken
Die Toren, andre zu beglücken.

22. Unstet von Natur ist der Blick des Herrn,
Fällt gar oft auf den, der ihn gar nicht wert.
Doch die Knechte ziehn ihn auf sich gar gern,
Schlagen hoch ihn an, fühlen sich geehrt.

Und besonders:

23. Wer anders als der Diener ist der Tor,
Der sich erniedrigt, daß er komm empor,
Das Leben läßt, sein Leben zu erhalten,
Ins Unglück geht, sein Glück sich zu gestalten?

Zwinger sagte: Aber, lieber Freund, nicht einmal im innersten Herzen darf man so was denken, denn:

24. Warum soll den Großen hier
Jemand nicht mit Eifer dienen?

Was du wünschst, verleihn sie dir
Gern und bald, gefielst du ihnen.

Sieh auch ein anderes:

25. Wie käme der, dem nicht der Dienst gefiel,
Zu weißem Sonnenschirm mit hohem Stiel,
Wie wär ein Wedel ihm zu Handen,
Wie Rossescharen, Elefanten?

Rabe sagte: Zugegeben; aber was geht uns die Sache an? Man soll sich nicht um fremde Angelegenheiten kümmern, denn:

26. Was dich nichts angeht, lasse stehn!
Sonst wird dir's wie dem Affen gehn,
Der von dem Stamme ward zertrümmert,
Weil er sich um den Keil gekümmert.

Zwinger fragte: Wie war das? Jener erzählte:

Erste Erzählung
Affe und Keil

Im Lande Magadha, in einer Gegend, die in der Nähe des Dharma-Waldes liegt, hatte ein Schreiber namens Śubhadatta einen Tempelbau begonnen. Dort lag ein Balken, der mit der Säge ein Stück weit in zwei Teile gespalten war, die ein Keil auseinander hielt. Da kam eine große Herde von Affen, die im Walde wohnte, dorthin, sich zu belustigen. Einer von den Affen – es war, als triebe ihn der Tod hin mit seinem Stabe – setzte sich auf den Balken und packte mit beiden Händen den Keil, dabei aber hingen seine Hoden in den Spalt herab. Dann zog er, seinem angeborenen Leichtsinn folgend, mit großer Anstrengung den Keil heraus, seine Hoden wurden zermalmt, und er mußte sterben.

Darum sage ich: Was dich nichts angeht, lasse stehn … (s. Vers 26). Zwinger sagte: Aber wer sollte sich denn sonst um die Taten unsres Herrn bekümmern? – Der, der sich um alles zu bekümmern hat, sagte der Rabe, der Kanzler mag das tun. Ein Diener aber hat sich überhaupt nicht um eines andern Pflichten zu sorgen. Sieh:

27. Wer sich zu fremden Pflichten beut,
Weil's, wie er denkt, den Herrn erfreut,
Muß Leid wie jener Esel tragen,
Der für sein Schreien ward geschlagen.

Zwinger fragte: Wie war das? Rabe erzählte:

Zweite Erzählung
Esel, Hund und Herr

In Vārāṇasī lebte der Wäscher Karpūrapaṭa. Dieser hatte eine ganz junge Frau, mit der er einst lange gescherzt hatte, und darauf war er fest eingeschlafen. Bald danach brach ein Dieb bei ihm ein, sein Gut zu stehlen. Nun war im Hofe ein Esel angebunden, und ein Hund lag daneben. Da sagte der Esel zum Hunde: Deine Pflicht ruft dich! So belle doch aus Leibeskräften und wecke unsern Herrn! Der Hund sagte: Was geht dich meine Pflicht an? Weißt du doch selbst, daß ich immer sein Haus bewache, so daß er schon lange ohne Furcht lebt und gar nicht weiß, wie sehr ich ihm nütze. Und so hat's bei ihm jetzt gar keine Eile mehr, darauf zu sehen, daß ich meine Nahrung bekomme. Wenn die Herren nicht fürchten, daß ein Unheil im Anzug ist, kümmern sie sich wenig um ihre Diener. Der Esel sagte: Elender Wicht! Vernimm:

28. Es fordert, wenn es gilt die Tat,
Ein schlechter Freund, ein schlechter Knecht.

Da sagte der Hund: Nun, so vernimm auch du:

Der Herr, der sich dem Diener naht
Erst wenn's zu handeln gilt, ist schlecht.

Denn:

29. Selbst verdiene Herrenlohn,
Spende selbst der Diener Nahrung,
Selbst erzeuge deinen Sohn,
Sorge selbst für Bußewahrung.

Da wurde der Esel zornig und sagte: Du bist ein Schurke! Du vernachlässigst deines Herren Dienst. Nun gut, so will ich dafür sorgen, daß der Herr erwache, denn:

30. Den Rücken beut der Sonne der Verehrer,
Und seinen Bauch beut er dem Opferzehrer.
Mit Leib und Seele sei dem Herrn geweiht,
Und dien der andern Welt mit Offenheit.

So sagte der Esel und erhob ein großes Geschrei. Davon erwachte der Wäscher, und wütend, daß ihm des Esels Stimme den Schlaf geraubt, sprang er auf, ergriff einen Knittel und bleute das Tier wacker durch.

Darum sage ich: Wer sich zu fremden Pflichten beut ... (s. Vers 27). Sieh, unser Amt ist es, Wild aufzuspüren, und um dieses unser Amt wollen wir uns bekümmern. Nachdem er sich ein wenig besonnen hatte: Aber auch das ist heute überflüssig, denn noch ist für uns Speise die Fülle übrig. Da sagte Zwinger zornig: So dient Ihr nur, um Euch das Futter zu verdienen? Das war ein gemeines Wort!

Denn:

31. Die Weisen nur in Fürstendienste gehn,
Dem Feind zu schaden, Freunden beizustehn,
Doch nicht, zu füllen ihren Bauch,
Das kann man ohne Fürsten auch.

Ferner:

32. Der Mann, der viele unterhält,
Nur der lebt wirklich in der Welt.
Reicht mit dem Schnabel doch sogar
Der Storch dem Bruder Speise dar.

Sieh:

33. So mancher wählt des Knechtes Los
Und kriegt fünf Silberlinge bloß.
Für hunderttausend tut es der,
Der gibt auch dafür sich nicht her.

Denn:

34. Sei man von noch so hohem Adel,
Im Dienst erfährt man Spott und Tadel.

Steht man auch da nicht oben an,
So ist man gar ein toter Mann.

Heißt's doch:

35. Elefanten, Wässer und Metalle,
Steine und Gewänder, Hölzer, Pferde,
Männer auch und Weiber: sie sind alle
Unter sich von sehr verschiednem Werte.

Darum:

36. Wenn sich nie auch davon ihr Hunger verliert,
So tragen die Hunde doch immer Verlangen
Nach Rinderknochen mit Fett beschmiert,
Vom Fleisch entblößt, mit Sehnen behangen;
Elefanten nur greift der Löwe an;
Ist nah auch der Schakal, er läßt ihn entweichen.
So sucht in der Not selbst ein jeglicher Mann
Seinem Sinn entsprechendes Gut zu erreichen.

Ein anderer Unterschied zwischen Diener und Diener ist der:

37. Wenn du ihn fütterst, regt den Schwanz der Hund,
Fällt dir zu Füßen, wälzt sich auf dem Grund,
Liegt auf dem Rücken, zeigt den offnen Schlund.
Die Blicke ruhig vor sich hin gewandt,
Erst kosend hundertmal von dir genannt,
Bequemt zum Mahle sich der Elefant.

38. Lebt eine Spanne Zeit auch nur ein Mann in Ruhm
Für Wissenschaft, für Rechtlichkeit und Heldentum,
So nennen weise Leute dies ein rechtes Leben.
Auch Krähen leben lang vom Brocken, den wir geben.

Und ein anderes:

39. Wer sich um Gutes nicht und nicht um Böses schert,
Und wer der heilgen Schrift Gesetz beachtet nie,
Und wer nur daran denkt, wie er den Bauch ernährt:
Wie unterscheidet sich dies Menschenvieh vom Vieh?

Rabe sagte: Sind wir doch nicht des Reiches Kanzler; wozu uns also mit diesen Zweifeln plagen? Zwinger entgegnete: Wird doch ein Minister bald einmal Kanzler, und bald verliert er wieder seinen Posten, denn:

40. Niemand hält man auf der Erde
Gleich für edel, für gemein,
Daß geliebt, gehaßt er werde,
Dafür sorgt der Mensch allein.

Ferner:

41. Nur schwer wälzt man den Stein den Fels hinan:
Nur schwer erreicht die Tugend so der Mann.
Doch schnell am Hang der Stein hinunterfällt:
So eilt zur Sünde schnell hinab die Welt.

Drum, mein Lieber: Ein jeder ist seines Glückes Schmied. Rabe fragte: Was ist denn eigentlich Eurer Rede Sinn? Zwinger antwortete: Der Sinn ist, daß unser Herr, der Löwe Bräunlich, aus Furcht – mag sie nun kommen woher sie will – umgekehrt ist und sich verborgen hat. Rabe sagte: Was ist dir darüber bekannt? Zwinger sagte: Was heißt bekannt? Sagt man doch:

42. Ein Tier begreift es, nennst du gleich das Ding,
Dem Wort gehorchen Elefant und Pferde,
Ein Kluger rät's, eh's aus dem Munde ging,
Denn der Verstand erläutert die Gebärde.

Jetzt ist er in Angst: so will ich denn diese Gelegenheit ergreifen und alle meine Klugheit aufbieten, ihn mir günstig zu stimmen, denn:

43. Wer seine Worte wählet nach den Zeiten,
Wer nach Verdienst erweist Gefälligkeiten,
Wer seinen Zorn nach seinen Kräften richten kann:
Wer alles dies vermag, der ist ein kluger Mann.

Rabe meinte: Lieber Freund, da verstehst du dich nicht auf den Dienst, denn:

44. Wer ungeladen hereingetreten,
Und wer viel redet ungebeten,
Wer glaubt, ihn ziehe der König vor:
Sicherlich ist der Diener ein Tor.

Zwinger versetzte: Aber mein Lieber, wie sollt ich mich nicht auf den Dienst verstehn?
Sieh:

45. Nichts gibt's, das schön und häßlich nur,
Weil's so geordnet die Natur:
Was unsern Sinn gefangenhält,
Das scheint uns schön in dieser Welt.

Denn:

46. Es passe sich ein kluger Mann
Der Sinnesart des andern an,
Bald folgt der andre dann ihm still,
Wohin ihn dieser führen will.

Und ein anderes:

47. Ruft der Fürst den Diener her,
Eile er zur Stell,
Frage nach des Herrn Begehr
Und verricht es schnell.

Und ein weiteres:

48. Wer mit Klugheit handelt, wer entschlossen,
Wer des Herrn Gebot tut unverdrossen,
Wie ein Schatten folgt und sich begnügt:
Dieser ist's, der sich zum Hofe fügt.

Rabe sagte: Kommst du dem Herrn zur Unzeit, so wird er gar nicht auf dich achten. Der andre sagte: Mag sein, immerhin muß ein Untergebener in seines Herrn Nähe zu kommen suchen, denn:

49. Der, Bruder, ist ein schlechter Wicht,
Dem vorher schon vor Schaden graut:
Wer leistet auf das Mahl Verzicht
Aus Furcht, daß er es nicht verdaut?

Sieh:

50. Dem Mann, der grade in den Weg ihm kommt,
Dem folgt ein König, wenn's ihm nie auch frommt,
Wenn er nicht edel, nicht zum König paßt,
Wenn nie mit Wissenschaft er sich befaßt.
Denn Fürsten, Frauen und Lianen, seht,
Nur das umschlingen, was danebensteht.

Rabe fragte: Nun, und was gedenkst du denn zu sagen, wenn du dort bist? Jener sagte: Höre! Zunächst werde ich sehn, ob der Herr mir geneigt ist oder nicht. Rabe sagte: Woran willst du das erkennen?

Zwinger sagte:

51./ Wenn dich der Herr von weitem schon erblickt,
52. Ein freundlich Lächeln dir entgegenschickt,
Wenn er nach diesem dich und jenem fragt
Und hinterm Rücken Gutes von dir sagt,
Wenn er im Glücke deiner auch gedenkt,
Selbst deinem Diener seine Neigung schenkt,
Wenn Gabe er mit gnädgem Wort verleiht,
Die Schuld, dein Gutes lobend, dir verzeiht:
Stehst du bei einem solchen Herrn im Sold,
So sei versichert, dieser ist dir hold.

53. Hält dich der Herr mit Worten hin
Und läßt die Zeit verstreichen:
Von seinem abgewandten Sinn
Ist dies ein sichres Zeichen.

Hab ich das erst erkannt, dann will ich meine Worte schon so wählen, daß ich ihn damit vollends gewinne, denn:

54. Es flimmern nach der Weisen Wort vorm Blick,
Geht klug man an sein Werk, Erfolg und
Mißgeschick:
Wenn uns der Zufall hilft, gelingt die Tat,
Sie mißlingt, wenn sich uns ein böser Zufall naht.

Rabe sagte: Trotzdem hüte dich, zu reden, falls dir der Augenblick nicht günstig ist, denn:

55. Spräche selbst Bṛhaspati,
Doch zu ungelegner Zeit,
Würd er nur Verachtung finden
Bis in alle Ewigkeit.

Zwinger entgegnete: Nur keine Furcht, lieber Freund! Ich rede nichts zur Unzeit, denn:

56. Wenn er redlich es meint, der Diener sagt
Ein heilsames Wort auch ungefragt,
Sieht den Herren er ziehen auf falscher Bahn
Oder sieht er im Geist ein Unglück nahn.

Gebe ich aber meinen Rat nicht einmal, wenn die Zeit günstig ist, nun, dann eigne ich mich überhaupt nicht zum Ratgeber.
Denn:

57. Die Fähigkeit, die sie ernährt,
Die vor den Leuten Ruhm gewährt,
Die ist's, an die sich Wackre kehren,
Und die sie stets nach Kräften mehren.

Drum, lieber Freund, ergib dich drein, ich gehe.
Nun denn, sagte Rabe: Glück zu! Tun wir, wie du es für gut befindest!
So trat denn Zwinger, anscheinend zögernd, vor den König. Da sah ihn der König schon von weitem und bat ihn höflich, näher zu treten. Jener warf sich in den Staub und setzte sich dann nieder. Der König sagte: Endlich sieht man dich auch einmal wieder! Zwinger entgegnete: Wie könnte ich auch Eurer Majestät förderlich sein? Ich hielt es aber für meine Untertanenpflicht, zu Euch zu kommen, da es die Zeit erfordert. Heißt's doch:

58. Den Halm auch wenden große Herren an,
Im Ohr zu bohren und am Zahn:
Wie sollte drum sich ihnen nicht ein Mann,
Der Worte hat und Hände, nahn?

Ihr habt mich zwar lange Eure Ungnade fühlen lassen, aber mein Verstand hat nicht darunter gelitten, denn:

59. Es strahlt am Fuße dir wohl der Topas,
Am Haupte glitzert wohl des Glases Schein.
Was ändert's? Glas bleibt immer doch nur Glas,
Und Edelstein bleibt Edelstein.

Und ein anderes:

60. Ein Weiser, der Verachtung fand,
Wahrt sich doch sicher den Verstand.
Hast du der Fackel Fuß erhoben,
Es strebt die Flamme doch nach oben.

Ein Herr aber, Majestät, muß einen Unterschied zu machen verstehn.

Denn:

61. Wenn ein Herr ohn Unterschied
Gleich verkehrt mit seinen Knechten,
Wird es bald den Guten leid,
Mehr zu leisten als die Schlechten.

Ferner:

62. Die Guten, Mittlen, Schlechten:
Das ist der Diener Schichtung;
Drum reiche deinen Knechten
Auch dreierlei Verrichtung.

Denn:

63. Sorge, daß am Ort, wo er sich schickt,
Man den Diener und den Schmuck erblickt,
Trage nicht des Hauptschmucks Edelstein
Nur aus Eigensinn an deinem Bein.

Ferner:

64. Hast das Juwel du, dem nur Gold genügt,
In Blei gefügt,
So klagt es nicht, läßt nichts von seinem Adel,
Doch dir bringt's Tadel.

Sieh:

65. ›Der ist mir treu, der hat Verstand,
An dem hab beides ich erkannt‹ –
Der Fürst, der so die Diener scheidet,
An Dienern nimmer Mangel leidet.

Darum:

66. Rosse, Männer, dazu Weiber, Waffen,
Wissenschaften, Laute dann und Laut:
Ob damit was Rechtes wird geschaffen,
Hängt von dem nur ab, dem sie vertraut.

Und ein anderes:

67. Was frommt ein schwacher Knecht, ist er dir gut?
Was frommt ein starker Knecht, der Böses tut?
Drum sollst du, Fürst, zu achten mich geruhn:
Mein Sinn ist treu, und kraftvoll ist mein Tun.

Denn:

68. Schätzt der König kein Verdienst,
werden Toren ihn umstehn;
Herrschen diese, nun dann mag
auch kein Weiser zu ihm gehn;
Ist kein Weiser mehr am Hof,
fehlt's an gutem Regimente;
Fehlt's an gutem Regiment,
geht es mit der Welt zu Ende.

Und ein anderes:

69. Wen der Fürst in Ehren hält,
Wird geehrt von aller Welt;
Wen er als gering betrachtet,
Wird von aller Welt verachtet.

Weiter:

70. Ein Kluger folget klugem Wort,
Auch wenn ein Kind es spricht;
Erhellt den sonneleeren Ort
Doch auch der Fackel Licht.

Bräunlich sagte: Lieber Zwinger, was soll ich davon denken, daß du, der Sohn meines ersten Ministers, diese ganze Zeit, in der du mir eines bösen Wortes wegen zürntest, nicht ein einziges Mal vor mich getreten bist? Aber sage nun, was du begehrst. Zwinger sagte: Geruhe Majestät, mir eine Frage zu beantworten. Warum ginget ihr, o Herr, vorhin ans Wasser, um zu trinken, kehrtet aber um, ohne es zu tun, und nun seht ihr ja ganz bestürzt aus! Bräunlich sagte: Wohl wahr! Indessen, gäbe es jemand, dem ich vertraulich ein Geheimnis mitteilen könnte? Doch höre, dir will ich es anvertrauen. Ein seltsames Wesen bewohnt diesen Wald; den müssen wir nun verlassen. Du hast doch wohl auch seine merkwürdige, mächtige Stimme gehört? Wenn nun bei diesem Geschöpfe die Körperkräfte seiner Stimme entsprechen, so muß es eine gewaltige Stärke besitzen. Zwinger sprach: Allerdings ist die große Furcht, die Majestät hegen, wohl begründet: denn auch wir haben die Stimme vernommen. Aber das ist ein schlechter Minister, der gleich von vornherein zu Flucht oder Kampf rät. Eure Majestät wird indessen hier den Nutzen seiner Diener erkennen, denn:

72. Ein Prüfstein ist das Unglück, dran zu sehn,
Was Freunde, Weiber, Dienerschaft verstehn,
Was für den Herrn im Mißgeschick sie wagen,
Auch kann's den eignen Mut und Sinn dir sagen.

Furchtsam sprach der Löwe: Freund, mich quält große Angst. Zwinger (beiseite): Sonst würdest du wohl auch in deiner Königswonne schwelgen und nicht mit mir reden. Laut sagte er: Herr, so lange ich lebe, braucht Ihr Euch nicht zu fürchten. Doch auch Rabe und Euren andern Dienern müßt ihr vertraun, denn wenn es gilt, ein Unheil abzuwehren, so ist es schwer, eine treue Männerschar zu gewinnen. Da erwies denn der König den beiden, Zwinger und Rabe, seine große Huld, gab ihnen alle erdenklichen Geschenke, und die beiden verabschiedeten sich mit dem Versprechen, für Abwehr der Gefahr zu sorgen. Auf dem Wege sagte Rabe zu Zwinger: Lieber Freund, wissen wir denn, ob jene Quelle des Schreckens zu verstopfen ist oder nicht? Wie konnten wir es trotzdem versprechen und noch dazu jenen großen Beweis der Huld entgegennehmen? Denn nie soll man eine Belohnung annehmen für Hilfe, die man nicht geleistet hat, besonders nicht von einem König. Sieh:

73. Der Fürst vereinigt alle Majestät,
Des Gnade dir mit allem Glücke lohnt,
Aus dessen Heldenkraft der Sieg ersteht,
In dessen Zürnen das Verderben wohnt.

Ferner:

74. Denk nie: 's ist nur ein Mensch,
's ist noch ein Kind,
Und treibe drum mit deinem König Spott:
Die Fürsten zwar wie wir gestaltet sind,
Doch lebt im Fürstenleib ein großer Gott.

Zwinger lachte und sprach: Darüber laß dir keine grauen Haare wachsen, lieber Freund! Ich weiß schon, was ihm den großen Schrecken eingejagt hat: das Gebrumme eines –

Ochsen! Und sogar uns sind doch die Ochsen zum Mahl verfallen, wieviel mehr einem Löwen! Rabe sagte: Wenn's so ist, warum hast du dann unsers Herrn Angst nicht gleich beschwichtigt? Zwinger sprach: Hätt ich das getan, glaubst du wirklich, daß wir dann diesen großen Beweis seiner Huld empfangen hätten? Und weiter:

75. Nichts soll ein Diener so vollbringen,
Daß ihn der Herr entbehren kann,
Sonst geht er, sollt ihm dies gelingen,
Wie Milchohr dort zugrunde dran.

Rabe fragte: Wie war das? Zwinger erzählte:

Dritte Erzählung
Löwe, Maus und Katze

Auf dem Berge Arbudaśikhara lebte ein Löwe, der hieß Mächtig. Dieser Löwe bewohnte eine Höhle des Gebirges, und darin wohnte auch eine Maus, die ihm im Schlafe seine Mähne benagte. Als der Löwe seine Mähne so beschnitten sah, wurde er zornig. Die Maus aber schlüpfte in ihr Loch, und so vermochte er sie nicht zu fangen. Da dachte er: Was tun? Nun es heißt ja:

76. Hast du einen Feind, der klein,
Kannst durch Macht du ihn nicht fangen,
Klein muß auch dein Kämpe sein,
Willst du an dein Ziel gelangen.

So dachte er, ging ins nächste Dorf, fing dort eine Katze namens Milchohr, trug sie sorglich nach seiner Höhle und nährte sie mit Mark und Fleisch. Vor dieser Katze fürchtete sich die Maus und kam daher nicht mehr aus ihrem Loche. So blieb des Löwen Mähne unverletzt, und er konnte wieder ruhig schlafen. Solange er die Maus noch quieken hörte, solange versorgte er auch die Katze reichlich mit Nahrung, und die Katze gedieh. Einst nun peinigte der Hunger die Maus dermaßen, daß sie trotzdem aus ihrem Loche hervorkroch; da wurde sie von der Katze gefangen und getötet. Als nun aber der Löwe die Maus nicht mehr in ihrem Loche quieken hörte, da brauchte er auch die Katze nicht mehr, sah nicht mehr so darauf, daß sie ihre Nahrung erhielt, und so verendete sie, da es ihr an Speise fehlte, aus Entkräftung.

Darum sage ich: Nichts soll ein Diener so vollbringen … (s. Vers 75).

Darauf gingen die beiden, Zwinger und Rabe, zu Lebhaft. Rabe setzte sich in imponierender Stellung unter einen Baum, Zwinger aber ergriff das Wort: Vernimm, o Stier: Das ist der Feldherr Königs Bräunlich, von ihm beauftragt, diesen Wald zu schirmen. Rabe ist sein Name, und er gebietet dir, sofort vor ihm zu erscheinen, andernfalls augenblicklich den Wald zu räumen. Widersetze dich nicht, das würde dein Verderben sein. – Lebhaft kannte die Gepflogenheiten des Landes nicht, darum fürchtete er sich, trat zu Rabe heran und verneigte sich. Heißt's doch:

77. Mehr als Leibeskraft taugt der Verstand,
Drum ist ein Sklave dieser Elefant:
So ruft die Trommel, die der Führer schlägt,
Wenn ihn das Tier auf seinem Rücken trägt.

Lebhaft sagte: Befiehl, Feldherr. Was soll ich tun? Rabe sprach: Wenn du begehrst, in diesem Walde deine Wohnung aufzuschlagen, so gehe hin zu den Lotosfüßen seiner Majestät und huldige ihm. Lebhaft entgegnete: Gewähre mir sicheres Geleit, so will ich zu ihm gehn. Reiche mir deinen rechten Arm! Rabe sagte: Sei nur ohne Furcht! Denn:

78. Der Sturm entwurzelt nicht geschmeidge Halmen,
Die allerseits sich an die Erde schmiegen:
Gewaltge Bäume nur will er zermalmen:
Die Großen wollen Große nur besiegen.

Jetzt gingen die Schakale zu Bräunlich; den Lebhaft ließen sie in einiger Entfernung harren. Erwartungsvoll sah der König ihnen entgegen. Sie verneigten sich und setzten sich. Der König fragte: Habt ihr ihn gesehen? Zwinger sagte: Jawohl, Majestät, wir haben ihn gesehen; allerdings hat Eure Vermutung sich bestätigt: er hat gewaltige Kräfte. Er bittet Majestät indessen um eine Audienz, drum macht Euch bereit und setzt Euch auf Euren Thron. Übrigens hättet Ihr Euch nicht gleich durch seine Stimme erschrecken lassen sollen, heißt's doch:

79. Hörst Lärm du, weiche nicht erschreckt,
Eh du den Grund erkannt, zurück:
Die Kupplerin, die ihn entdeckt,
Sie kam zu Ehren und zu Glück.

Der König fragte: Wie war das? Zwinger erzählte:

Vierte Erzählung
Dieb, Affen und Kupplerin

Mitten in dem Gebirge, welches Śrīparvata heißt, liegt die Stadt Brahmapura. In deren Nähe ist ein Berg, und auf diesem spukte – so ging fortwährend unter den Leuten das Gerücht – ein Gespenst, Glockenohr genannt. Es hatte nämlich einst ein Dieb eine Glocke gestohlen und war mit ihr entflohn; dann aber hatte ihn ein Tiger zerrissen und gefressen. Die Glocke nun, die seinen Händen entfallen war, hatten Affen gefunden, und diese läuteten sie fortwährend. Die Bewohner der Stadt aber sahen, daß der Mann dort gefressen worden war, und hörten fortwährend den Glockenton, und so flüchteten sie bald alle aus der Stadt in der Meinung, Glockenohr verzehre in seinem Zorne Menschen, und er sei es, der fortwährend die Glocke ertönen lasse. Nun hatte aber eine Kupplerin die Affen belauscht, wie sie die Glocke läuteten, und aufgrund dieser Erkenntnis wandte sie sich an den König und sagte: Majestät, für eine gute Belohnung will ich Glockenohr bannen. Der König bewilligte ihr eine Prämie, man bezeugte ihr die Verehrung, die man einem Brahmanen schuldet, durch ein Ehrenmahl und den Ritus des mystischen Kreises, und hierauf ging sie in den Wald.

Dort streute sie Obst aus, wie es die Affen gerne fressen, und diese ließen auch wirklich ihre Glocke und stürzten sich auf die Früchte. So nahm die Kupplerin jene, kehrte mit ihr zurück und lebte fortan bei männiglich in hohen Ehren.

Darum sage ich: Hörst Lärm du, weiche nicht erschreckt ... (s. Vers 79).

So wurde Lebhaft die Audienz gewährt, jene führten ihn herbei, und von diesem Augenblicke an lebte er dort lange Zeit, wie jemand zu leben pflegt, der sich in eines andern Schutz gestellt.

Einst nun kam des Königs Bruder, der Löwe Steifohr, zu Besuch. Bräunlich begrüßte ihn, lud ihn zum Sitzen ein und wollte zur Bewirtung seines Gastes auf die Jagd nach Wild gehn. Da fragte Lebhaft: Majestät, wo ist denn das Fleisch der heute erlegten Tiere? Fragt doch einmal, ob es noch vorhanden ist oder nicht! Da lachte der Löwe und sagte: Das müssen Zwinger und Rabe wissen. Lebhaft sprach: Wie ist das möglich, daß die beiden solche Fleischmengen verzehrt haben? Der König sprach: Verzehrt, verschmäht, verdorben, so geht es alle Tage. Lebhaft fragte: Und das geschieht ohne Kontrolle von seiten Eurer Majestät? Der König sagte: Nun, und was liegt daran? Lebhaft sprach: Das ist nicht in der Ordnung; heißt's doch:

80. Es soll ein Diener immerdar
Nur tun, was ihm der Herr gebot,
Es sei denn – schwebt er in Gefahr –,
Den Herrn zu retten, der bedroht.

Und ein anderes:

81. Minister gleichen einem Wassertopf,
Der stark sich füllt, doch wenig sich entleert.
Den Augenblick verachtet nur ein Tropf.
Der Mann ist arm, der nicht den Heller ehrt.

Ferner:

82. Der Fürst, der auch den Heller spart,
Der wird mit reichem Glück belohnt:

Er lebt, wenn er die Kasse wahrt,
Und nicht, wenn er sein Leben schont.

Weiter:

83. Nicht feine Sitten machen es allein,
Daß treu im Dienste bleibt der Diener dein;
Verläßt die Gattin doch den armen Mann,
Was kannst von Fremden du erwarten dann?

Die schlimmsten Fehler in der Regierung aber sind diese. Sieh:

84. Unterschleif, Unachtsamkeit,
Ungerechtes Gelderwerben,
Ferne, Unbedachtsamkeit
Bringen einem Schatz Verderben.

Denn:

85. Wär auch ein Mann an Schätzen reich,
Und käm er selbst Kubera gleich,
Empfängt er viel, gibt mehr doch aus:
In kurzem wird ein Bettler draus.

Steifohr sagte: Höre, lieber Bruder: Rabe und Zwinger stehen lange schon in deinem Dienst, sie leiten die Geschäfte in Krieg und Frieden. Wer aber die Geschäfte leitet, der soll nie den Schatz verwalten. Ich will dir dabei gleich einmal sagen, was man auch sonst über Betrauung mit Ämtern lehrt:

86. Nie stell, o Fürst, des Staates Schatz zu Handen
Des Priesters, Kriegers oder der Verwandten.
Liegt schon das Geld dir zum Gebrauch bereit,
Der Priester hält's auch in des Unglücks Zeit;

87. Doch gibst dem Krieger du das Amt zu eigen,
So wird er sicherlich das Schwert dir zeigen;
Stellst einen Vetter du an diesen Platz,
Pocht auf Verwandtschaft er und schlingt den Schatz.

88. Ein Mann, der lang im Amte steht,
Sorgt nicht, wenn er sich auch verging,
Den eignen Pfad er fürder geht
Und achtet seinen Herrn gering.

89. Hat ein Beamter je genützt,
Kommt's ihm auf kein Vergehen an;
Auf seinen Nutzen er sich stützt,
Und frech verhöhnt er jedermann.
90. Wenn dein Minister dich wie Staub betrachtet,
So dünkt er bald sich, König selbst zu sein,
Weil er als schwachen Fürsten dich verachtet:
Laß nie zu weit dich mit Ministern ein.
91. Wen innerlich nach böser Tat gelüstet,
Wer immerdar zu böser Tat gerüstet,
Der wird sich stets zu unserm Schaden kehren,
Wie Śakuni und Śakaṭāra lehren.
92. Nicht lange hält man's aus
In eines Reichen Haus;
Das Herz verdirbt der Schatz:
Das ist der Weisen Satz.
93. Günstlingswirtschaft, Warentausch,
Lässigkeit und Torenseele,
Unterschlagung, Sinnenrausch:
Das sind des Ministers Fehle.
94. Will richtig stets ein Fürst sein Geld erhalten,
So seh' er scharf auf die, die es verwalten.
Doch wenn er alles läßt auf sich beruhn,
So ist das sicher ein verkehrtes Tun.
95. Der Eiterbeule der Beamte gleicht:
Man muß sie beide nur gehörig zwängen,
Die Beule, daß der Eiter draus entweicht,
Und jenen, ihm die Gelder abzudrängen.
96. Willst du, o Fürst, des Geldes Ströme finden,
So mußt du öfters die Beamten winden:
Hast einmal du das Badekleid gewunden,
Ist lang nicht alles Wasser draus geschwunden.

Dies alles muß man je nach den Umständen bedenken und tun. Bräunlich entgegnete: Ich kann allerdings nicht in Abrede stellen, daß jene beiden sich kaum immer an meine Befehle kehren.

Da sagte Steifohr: Nun, das ist eben nicht in der Ordnung, denn:

97. Von seinen Söhnen selbst soll es der Fürst nicht dulden,
Daß den Gehorsam sie verweigern, den sie schulden.
Denn will ein Fürst nicht streng auf den Gehorsam passen,
So frommt ein König auch, den wir uns malen lassen.

Und vor allem:

98. Der Fürst beschirme vor dem Diebe,
Beamten, seiner Feinde Schwarm,
Dem Günstling, seiner Geldesliebe
Das Volk mit seinem Vaterarm.

Drum, lieber Bruder, beherzige meine Rede. Heute habe ich bereits gespeist. Hinfort aber magst du Lebhaft, dem Kräuterzehrer, das Schatzamt übertragen.

So geschah es auch, und Bräunlich, der sich alle Verwandten und Diener vom Halse hielt, lebte lange Zeit mit Lebhaft in gutem Einvernehmen. Freilich wurde die Nahrung für die Dienerschaft hinfort knapper bemessen, und so gingen Zwinger und Rabe miteinander zu Rate. Zwinger sagte: Was sollen wir nun machen? Wir selbst haben uns unser Unglück zuzuschreiben, und da macht Wehklagen die Sache nicht besser; heißt's doch:

99. Ich, der ich rührt ans Feenbild, das holde,
Die Alte, selbstgefesselt dort am Pfahl,
Der Kaufmann, der den Stein entwenden wollte:
Wir haben selbst verschuldet unsre Qual.

Rabe fragte: Wie war das? Zwinger erzählte:

Fünfte Erzählung
Mönch, Barbier und Kaufmann

In der Stadt Kāñcanapura lebte einst ein König namens Vīravikrama. Dessen Richter ließ einmal einen Barbier nach dem Hochgericht schleppen. Ein Bettelmönch aber – er hieß Kandarpaketu – und ein Kaufmann ergriffen ihn am Saume seines Gewandes und riefen: Er ist nicht des Todes schuldig! Des Königs Beamten fragten: Warum ist er nicht des Todes schuldig? Jener Mönch aber sagte: Höret! Und nun deklamierte er die Strophe: Ich, der ich rührt ans Feenbild, das holde ... (s. Vers 99). Jene fragten: Wie war das? Der Bettelmönch aber erzählte:

Die Geschichte des Mönchs

Ich bin Kandarpaketu, der Sohn des Königs Jīmūtaketu von Siṃhaladvīpa. Als ich mich einst in meinem Parke aufhielt, da hörte ich von einem Kaufmann, der überseeischen Handel trieb, daß dort mitten auf dem Meere alle vierzehn Tage der Wunschbaum auftauche, und unter ihm säße auf einem von Gold und Juwelen funkelnden Diwan eine reichgeschmückte Jungfrau, schön wie Lakṣmī, welche die Laute schlägt. Da nahm ich diesen Kaufmann zu mir, bestieg mit ihm sein Schiff und ließ mich an die Stelle führen, und kaum waren wir dort, so erblickte ich sie auch, wie sie halb aus dem Wasser emporgetaucht war. Da riß mich die Gewalt ihrer Lieblichkeit so hin, daß ich mich zu ihr hinabstürzte. Im Augenblick war ich in der Goldstadt, und dort sah ich das Mädchen, gleichfalls auf einem Diwan sitzend, und zwar in goldenem Palaste, und Feen, die sie bedienten. Auch sie erblickte mich von ferne, schickte eine Freundin zu mir und ließ mir ihren achtungsvollen Gruß entbieten. Auf mein Befragen erfuhr ich von ihrer Freundin, daß sie Ratnamañjarī, die Tochter des Elfenkönigs Kandarpakeli wäre. So schloß ich denn mit ihr eine Gāndharva-Ehe, und wir lebten zusammen in Wonne. Einst aber flüsterte sie mir zu: Lieber Gemahl, alle diese Freuden magst du genießen, doch hüte dich, dort das Bild der Fee Svarṇalekhā zu berühren. Dadurch wurde nun meine Neugier rege, und ich berührte die Brust des Bildes. Das Bild versetzte mir aber mit seinem lotosgleichen Fuße einen Tritt, und ich befand mich im Lande Saurāṣṭra. Aus Kummer darüber bin ich Mönch geworden, und auf meinen Wanderungen bin ich in diese Stadt gekommen. Hier fand ich, als der Tag zur Neige ging, ein Nachtquartier im Hause eines Hirten, und da erlebte ich nun folgenden Vorfall.

Die Geschichte des Barbiers

Der Hirt hatte mit einigen Freunden gezecht, kam am Abend nach Hause und ertappte seine Frau, wie sie mit einer Kupplerin unterhandelte. Erst ließ er sie seinen Stock gehörig fühlen, dann band er sie an einen Pfahl und legte sich schlafen. Mitten in der Nacht aber kam die Kupplerin wieder – sie ist die Frau dieses Barbiers – und sagte zur Frau des Hirten: Den würdigen Mann quält die Trennung von dir wie ein Feuer, und es ist, als sollte er sterben. So will ich mich hier anbinden und bleiben, du aber geh hin, und wenn ihr euch gesehn, dann komm schnell zurück. Gesagt, getan. Nach einiger Zeit erwachte der Hirt und sagte: Nun, warum gehst du denn jetzt nicht zu deinem Schatz? – und als er keine Antwort erhielt: Seht doch den Trotz! Nicht einmal antworten kann sie! – und damit schnitt ihr der erzürnte Gatte die Nase ab. Als nun die Frau des Hirten wiederkam, da fragte sie: Wie geht's? Die Kupplerin sagte: Frage mein Gesicht! Da band sich die Frau des Hirten wieder an den Pfahl; die Kupplerin aber nahm ihre abgeschnittene Nase und ging nach Hause.

Am Morgen nun verlangte der Barbier von seiner Frau sein Barbierbesteck; sie reichte ihm aber nur ein Rasiermesser. Da warf der Barbier im Ärger das Messer weit von sich auf den Boden. Sofort erhob jene ein Gezeter und rannte zum Richter mit der Klage, er hätte ihr ganz ohne Grund die Nase abgeschnitten.

Auf eine Frage des Hirten aber antwortete dessen Frau:

Elender Wicht! Wer vermöchte es, mich, die Keusche und Reine, zu verletzen! Oder glaubst du wirklich, daß die acht Welthüter meinen Wandel nicht kennen?

100. Wasser, Sonne, Mond, des Todes Macht,
Himmel, Erde, Wind und Feuersglut,
Dämmrung, Dharma, Herz und Tag und Nacht
Wissen, was der Mensch auf Erden tut.

Sieh mir ins Gesicht. Da nahm der Hirt eine Lampe und leuchtete ihr ins Gesicht, und als er sah, daß es unverletzt war, da fiel er ihr zu Füßen.

Nun höret aber auch die Geschichte dieses Kaufmanns, der neben mir steht!

Die Geschichte des Kaufmanns

Dieser ist aus seiner Heimat, die am Malaya-Gebirge liegt, vor zwölf Jahren fortgezogen, eben in diese Stadt gekommen und hat daselbst in einem öffentlichen Hause übernachtet. An der Tür desselben stand eine Holzfigur, die einen Kobold vorstellte, und an deren Kopf war ein sehr wertvoller Edelstein angebracht. Ihn hatte der Kaufmann gesehen. Aus Habgier stand er in der Nacht auf, und um ermessen zu können, welchen Wert wohl das Juwel haben könnte, betastete er es mit der Hand. Dann riß er es mit großer Anstrengung heraus. Da schlugen aber die Arme der Figur über eine Fadenverbindung ihn so stark, daß er einen lauten Schrei ausstieß. Sogleich stand die Besitzerin auf und sagte: Du kommst von der Gegend des Malaya, mein Sohn: So gib uns alle deine Juwelen, sonst läßt dieser dich nicht aus seinen Armen; das ist nun einmal dieses Dieners Art. So mußte er denn all sein edles Gestein ausliefern, und jetzt hat er sich, aller seiner Habe beraubt, zu mir gesellt.

Als des Königs Beamten dies alles vernommen hatten, ließen sie Gerechtigkeit walten. Die Frau des Barbiers wurde geschoren, die des Hirten ausgewiesen, die Kupplerin in

Geldstrafe genommen, und der Kaufmann erhielt sein Eigentum zurück.
Darum sage ich: Ich, der ich rührt ans Feenbild, das holde ... (s. Vers 99).
So ist auch dies selbstgemachter Schaden, und es ist unpassend, darüber zu klagen. Nach einigem Überlegen: Lieber Freund, fasse Mut! Wie ich die Freundschaft der beiden gefügt habe, so will ich sie auch wieder brechen.

101. Wer nur geschickt ist, stellt als wahr,
Was noch so falsch ist, dennoch dar:
So malt des kundgen Meisters Hand,
Was nah und fern, an flache Wand.

Und ein weiteres:

102. Nie darf man seinen Kopf verlieren;
Man handle, gilt's zu handeln, schlau,
Dann wird das Unheil man parieren,
Wie Buhler dort und Hirtenfrau.

Rabe fragte: Wie war das? Zwinger erzählte:

Sechste Erzählung
Hirtin, Buhle und Hirt

In der Stadt Dvāravatī lebte ein Hirt, dessen Frau ihn hinterging. Sie hatte nämlich zu gleicher Zeit ein Liebesverhältnis mit dem Ortsvorstande und dessen Sohn. Heißt's doch:

103. Man wird ja nimmermehr gesättigt schauen
Das Feuer, das ob Holz in Mengen loht,
Das Meer an Flüssen, am Gemahl die Frauen,
Und nicht, raubt alle Wesen er, den Tod.

Und ein anderes:

104. Nicht mit Gabe, nicht mit Ehren,
Nicht mit Liebe und Vertraun,
Nicht mit Waffen, nicht mit Lehren
Wirst gewinnen du die Fraun.

Einst nun genoß sie mit dem Sohne des Vorstands der Liebe

Freuden, da kam der Vorstand selbst. Sofort steckte sie seinen Sohn in die Vorratskammer und vergnügte sich nun mit dem Vater. Bald darauf kam ihr Mann, der Hirte. Als sie diesen sah, sagte sie: Lieber Vorstand, nimm deinen Stock, stell dich recht zornig und mach, daß du hinauskommst. Dieser tat, wie ihm geheißen, und als der Hirte kam, da fragte er seine Frau, weshalb der Vorstand dagewesen sei. Diese sagte: Er ist – weshalb, weiß ich nicht – auf seinen Sohn wütend, und er hätte ihn erschlagen, wenn dieser sich nicht hierhergeflüchtet hätte. Ich aber versteckte ihn in der Vorratskammer, um ihn zu schützen, und so kam's, daß der Vater, der im Hause suchte, ihn nicht gefunden hat. Deshalb ist er in solcher Wut davongerannt. Damit holte sie den Sohn aus der Vorratskammer und zeigte ihn ihrem Manne. Heißt's doch:

105. Doppelt zehrt das Weib – das ist ja allbekannt –
Vierfach aber ist bei Weibern der Verstand;
Sechsfach ist der Trieb, zu wahren ihren Willen;
Achtfach ist der Trieb, die Liebeslust zu stillen.

Darum sage ich: Nie darf man seinen Kopf verlieren … (s. Vers 102). Rabe sagte: Ganz recht; wie wäre es aber möglich, die große Liebe, in der sie miteinander leben, zu vernichten? Zwinger sagte: Wir müssen eben auf ein Mittel sinnen. Heißt's doch:

106. Was man mit Klugheit besser tut,
Das tu man nicht mit Heldenmut;
Die Krähe dort mit goldnem Band
Die schwarze Schlange überwand.

Rabe fragte: Wie war das? Zwinger erzählte:

Siebente Erzählung
Krähenpaar und Schlange

Auf einem Baume nistete ein Krähenpaar. So oft es aber Brut hatte, wurde diese von einer schwarzen Schlange gefressen, die in einer Höhle des Baumes wohnte. Da sagte das Weibchen, als es wieder brüten wollte: Lieber Gemahl, wir wollen diesen Baum verlassen, denn hier wird es uns wegen der schwarzen Schlange nie glücken, Junge heranzuziehen, denn:

107. Falsche Freundschaft, Weibeshaß,
Widerspruch aus Dienermunde,
Eine Schlange im Gelaß
Richten einen Mann zugrunde.

Das Männchen sagte: Fürchte dich nicht, meine Liebe. Lange, sehr lange schon habe ich das schwere Leid, das sie mir angetan, ertragen. Das Weibchen sagte: Wie könntest du aber einen Kampf mit dem starken Tier wagen? Das Männchen sagte: Sei nur ohne Furcht, denn:

108. Macht verleiht uns der Verstand,
Machtlos ist, wer ihn verloren,
Wie das Häschen überwand
Dort den Leu, den stolzen Toren.

Das Weibchen fragte: Wie war das? Das Männchen erzählte.

Achte Erzählung
Hase und Löwe

Auf dem Berge Mandara wohnte ein Löwe, der hieß Grimmig, und dieser Löwe mordete fortwährend die Tiere. Da ließen denn diese nach einer gemeinsamen Beratung dem Löwen sagen: Warum tötet Ihr alles Wild? Lieber wollen wir Euch zu Eurer Nahrung täglich ein Tier schicken. Der Löwe sagte: Ich bin's zufrieden! Also schickten sie ihm alle Tage ein Tier. Da kam nun einst die Reihe an einen alten Hasen. Dieser dachte:

109. Bescheiden ist man nur aus Scheu,
Und wenn man fürder hofft zu leben:
Was frommt's, ist günstig mir der Leu?
Ich muß ihm doch mein Leben geben.

Drum will ich mir ja Zeit nehmen auf meinem Gange. Der Löwe aber, den der Hunger peinigte, fuhr ihn zornig an: Warum kommst du so spät? Jener erwiderte: Meine Schuld ist's nicht. Ein anderer Löwe hat mich unterwegs aufgehalten. Ich habe ihm einen Eid leisten müssen, zurückzukehren, und bin jetzt nur gekommen, dies dem Herrn zu vermelden. Da wurde der Löwe zornig und rief: Gleich kommst du mit und zeigst mir, wo der Schurke ist! Der Hase führte ihn an einen tiefen Brunnen. Geruhe der Herr zu kommen und zu sehen – so sagte er und zeigte ihm sein Spiegelbild im Brunnen. Geschwollen vor Wut und von seinem Stolze getrieben, stürzte er sich auf dieses hinab und mußte sterben.

Darum sage ich: Macht verleiht uns der Verstand ... (s. Vers 108).

Das Weibchen sagte: Ich habe jedes deiner Worte vernommen: sage jetzt, was da zu tun ist. Das Männchen sprach: An den See dort pflegt der Sohn des Landesfürsten zu kommen, um darin zu baden. Wenn er nun seine goldene Kette ablegt, so holst du sie und trägst sie in die Baumhöhle.

Als nun der Prinz wieder einmal zum Bade kam, da tat das Weibchen, wie ihm befohlen war. Die Diener aber, die nachliefen, die Goldkette zu suchen, durchstöberten die Baumhöhle, fanden die schwarze Schlange und töteten sie.

Darum sage ich: Was man mit Klugheit besser tut ... (s. Vers 106).

Rabe sagte: Wenn es so ist, so geh, und Glück geleite dich auf deinem Pfade. Da trat Zwinger vor den König, verneigte sich und sprach: Majestät, ich komme in wichtiger Angelegenheit, denn:

110. Weiß er den Herrn auf falscher Bahn,
Verginge sonst die günstge Zeit,
Sieht er wohl gar ein Unglück nahn:
Schnell sei ein treuer Mann bereit:
Ein heilsam Wort, es sei gewagt,
Wenn auch der Herr ihn nicht gefragt.

Und ein anderes:

111. Genuß ist eines Königs Recht;
Mit Arbeit er sich nicht befaßt,
Und steht des Königs Sache schlecht,
Fällt dem Minister dies zur Last.

Denn das ist die Pflicht der Minister:

112. Eher läßt ein wackrer Mann das Leben,
Eher setzt er auf das Spiel sein Haupt,
Als die Sünde ruhig zuzugeben,
Daß dem König man die Krone raubt.

Der König fragte erwartungsvoll: Nun, was habt Ihr mir mitzuteilen? Zwinger sprach: Jener Lebhaft trägt Euch gegenüber ein ganz ungebührliches Benehmen zur Schau. In unserer Gegenwart sprach er geringschätzig von Eurer dreifältigen Herrschergewalt, und wahrlich, er strebt nach der Krone. Der König war bestürzt, und schweigend stand er eine Zeitlang da. Da redete Zwinger weiter: Majestät, sämtliche Minister habt Ihr entlassen, und dieser verwaltet nun allein alle Geschäfte: das war der große Fehler, denn:

113. Sind König und Minister allzugroß,
So stemmt das Glück mit beiden Füßen sich,
Doch weil's ein Weib, ermattet's sicherlich
Und läßt den einen von den beiden los.

Ferner:

114. Hat über alle einen Mann der Fürst gestellt,
Läßt dieser sich berauschen bald von seinem Glück,
Und weil er sich auch einer Krone würdig hält,
Scheut selbst vor einem Königsmord er nicht zurück.

Weiter:

115. Vor Speise, die bereits verdaut,
Vor einem halbgelösten Zahn,
Ministern, denen keiner traut,
Hat Ruh man, wenn sie abgetan.

Endlich:

116. Ein Fürst, der all sein Wohlergehn
Gab dem Minister in die Hand,

Muß blind und führerlos bestehn,
Wenn sich von dem das Glück gewandt.

Besonders aber:

117. Nicht lange hält man's aus
In eines Reichen Haus:
Das Herz verdirbt der Schatz:
Das ist der Weisen Satz.

Jener aber verrichtet alle Geschäfte ganz nach Gutdünken; und doch sollte da überall Euer Wille maßgebend sein. Ich weiß es recht wohl,

118. Es gibt wohl keinen in der Welt,
Der nicht nach Schätzen trägt Verlangen,
Des andern Frau, die ihm gefällt,
Nicht wünschte liebend zu umfangen.(!)

Der Löwe überlegte und sprach: Ja, Freund, wenn dem auch so wäre, so hab ich doch den Lebhaft herzlich lieb.

Sieh:

119. Wenn auch ein Freund uns Böses hat getan,
Wir hangen ihm in alter Liebe an;
Wie mancher Makel unsern Leib entstellt,
Trotz allen Fehlern er uns doch gefällt.

Weiter:

120. Wenn auch ein Freund uns Böses hat getan,
Wir hangen ihm in alter Liebe an;
Hat auch das Feuer dir dein Haus verheert,
Wer ist's, der trotzdem nicht das Feuer ehrt?

Zwinger sagte: Majestät, das ist eben der Fehler, denn:

121. Sei's der Minister, sei's der eigne Sohn,
Nach wem sich oft des Fürsten Auge kehrt,
Sei's auch ein fremder Mann, der ist ja schon
Von der erhabnen Lakṣmī hochgeehrt.

Höre, Herr:

122. Wo man die Rede spricht und hört,
Die anfangs wohl die Freude stört,
Doch bald als segensreich erscheint,
Dort ist's, wo alles Glück sich eint.

Du aber hast die Dienerschaft, in der du gleichsam wurzelst, beiseite geschoben und jenen hergelaufenen Fremdling an ihre Stelle gesetzt; und das war ein großer Fehler. Sieh:

123. Bewährtem Mann sei nie das Amt genommen
Und dem verliehn, der eben erst gekommen;
Tut das ein Fürst, so ruft ja selbst der Tor
Den Bürgerkrieg in seinem Reich hervor.

Der Löwe sagte: Wie seltsam! Ich sichere ihm meinen Schutz, behalte ihn bei mir und tu alles, ihn zu beglücken, und er sinnt mein Verderben! Zwinger sprach: Majestät,

124. Du magst den Bösen lieben und verehren,
Nie wird er den Charakter drum verkehren.
Salbst einen Hundeschwanz du allenthalben,
Er krümmt nach oben sich trotz aller Salben.

Ferner:

125. Magst reiben ihn, mit Salben überziehn
Den Hundeschwanz, und schnüre Stricke drum,
Und erst nach zwanzig Jahren löse ihn:
Gleich zieht nach oben er sich wieder krumm.

Und ein anderes:

126. Wie könnt es Freude dir bescheren,
Willst Böse fördern du und ehren?
Der Giftbaum giftge Frucht gewährt,
Wenn man ihn auch mit Nektar nährt.

Darum sage ich:

126. Zu retten andre, sei gewagt
Ein heilsam Wort auch ungefragt.
Dies war von je der Guten Brauch,
Und anders handelt nur der Gauch.

Heißt's doch:

127. Der rechte Diener hält das Unheil fern,
Die rechte Tat von keinem Flecken weiß,
Das rechte Weib gehorcht dem Eheherrn,
Der rechte Weise hört der Guten Preis,
Der rechte Wohlstand bannt den Übermut,
Das rechte Glück von Geldesgier befreit,

Der rechte Freund ist ohne Falsch uns gut,
Der rechte Mann besiegt die Sinnlichkeit.

Wenn Ihr nun, trotzdem Lebhafts Tücke Euch Kummer bereitet, auf Eurem Weg beharrt, dann ist's nicht Eures Dieners Schuld. Heißt's doch:

129. Ein König, der nur seine Neigung kennt,
Der nichts auf Wohl und nichts auf Pflichten gibt,
Dem brünstgen Elefanten gleich er rennt
Bald hierhin, dorthin bald, wie's ihm beliebt.
Ihn stürzt sein Hochmut; Sorgen drücken ihn,
Nun wird allein der treue Knecht geziehn;
Doch daß er selbst ins Elend sich gebracht,
Des wird mit keinem Wort gedacht.

Bräunlich (für sich):

130. Man strafe einen Menschen nicht
Auf eines anderen Bericht.
Erst untersuche man die Schuld,
Dann folge Strafe oder Huld.

Heißt's doch auch:

131. Bevor man Tugend hat und Fehl erkannt,
Soll Ungunst man und Gunst noch nicht erteilen.
Wär's doch, als legte selbst man seine Hand
Ins Schlangenmaul, um in den Tod zu eilen.

Laut sagte er: Überbringe Lebhaft den Befehl, vor mir zu erscheinen. Hastig entgegnete Zwinger: Um Himmels willen, Majestät! Das hieße doch unsern geheimen Rat verraten! Heißt's ja

132. Ein Samen ist geheimer Rat,
Drum schütz' ihn sorglich, wie die Saat.
Ist ihm der kleinste Bruch geschehn,
Kann nie ein Pflänzlein draus erstehn.

Weiter:

133. Willst nehmen du, so nimm beizeiten;
Auch Gabe sollst du rasch bereiten;
Verrichte alle Werke schnell,
Sonst schlürft die Zeit des Saftes Quell.

Drum ist's durchaus notwendig, eifrig zu Ende zu führen, was man einmal begonnen, denn:

134. Wie ein feiger Soldat
Ist ein heimlicher Rat.
Ist der Leib auch gedeckt,
Doch flieht er erschreckt,
Denn er fürchtet entsetzt,
Daß ein Feind ihn verletzt.

Und wenn du dich mit ihm, hättest du seine Schuld klar erkannt, wieder versöhnen wolltest, unter der Bedingung, daß er von seinem schlechten Vorhaben abstünde, so wäre auch das nicht ratsam, denn:

135. Hat einmal nur ein Freund dir weh getan,
So soll er nie Verzeihung drum empfahn,
Sonst gehst du sicherlich in dein Verderben,
Und wie das trächtge Maultier mußt du sterben.

136. Wen innerlich nach böser Tat gelüstet,
Wer immerdar zu böser Tat gerüstet,
Der wird sich stets zu unserm Schaden kehren,
Wie Śakuni und Śakaṭāra lehren.

Der Löwe sprach: Nun, wir wollen doch sehen, was er uns anhaben kann! Jener entgegnete: Majestät,

137. Wer will ermessen andrer Macht,
Wenn er ob deren Mitteln irrt?
Strandläufer hat – wer hätt's gedacht –
Allein das große Meer verwirrt.

Der Löwe fragte: Wie war das? Zwinger erzählte:

Neunte Erzählung
Strandläufer und Meer

Am Meeresufer nistete ein Strandläuferpärchen. Da sagte das Weibchen, als es brüten wollte, zum Männchen: Lieber Gemahl, suche einen einsamen Ort zum Brüten! Der Strandläufer sagte: Ist denn dieser Platz nicht dazu geeignet? Jenes sagte: Nein, denn des Meeres Flut kommt bis heran. Aber, meine Liebe – sagte der Strandläufer –, bin ich denn so ganz ohne Verbindungen? Das Meer soll es nur wagen, mich in meinem Hause zu belästigen! Da lachte sein Weibchen und sagte: Aber, lieber Mann, zwischen dir und dem Meere ist denn doch ein gewaltiger Unterschied! Indes:

138. Gar schwierig ist's, bestimmt zu sagen,
Ob man Gefahr bestehen kann.
Doch weiß man dies, so harret man
Auch standhaft aus in Unglücks Tagen.

Sie brütete also auf Geheiß des Männchens gerade dort. Das Meer wollte des Vogels Macht kennenlernen, und daher raubte es die Eier. Da sagte das Weibchen betrübt zum Männchen: Lieber Mann, das Unglück ist geschehen, die Eier sind hin! Das Männchen sagte: Nur keine Furcht, liebes Weibchen! Dann versammelte es eine Anzahl Vögel um sich und ging mit ihnen zu Garuḍa. Als Garuḍa diesen Fall vernommen, berichtete er ihn seinem Herrn, dem Viṣṇu, dem Quell der Schöpfung, Erhaltung und Vernichtung. Da nahm das Meer den Befehl des Hochheiligen, von Furcht erfüllt, demütig entgegen und brachte die Eier zurück.

Darum sage ich: Wer will ermessen andrer Macht … (s. Vers 137).

Der König fragte: Ja wo sind denn aber nun die Beweise für seine hochverräterische Gesinnung? Zwinger entgegnete: Nun, du wirst sie darin finden, daß er wie ein Wahnsinniger herankommt und dir seine Waffen, die Spitzen seiner Hörner, entgegenstreckt.

Darauf ging der Schakal zu Lebhaft. Er spielte den Bestürzten und kam ganz leise herbeigeschlichen. Höflich grüßte ihn der Stier und sagte: Heil dir, mein Freund! Zwinger sprach: Woher sollte Heil für einen Diener kommen? Denn:

139. Wer einem Fürsten Dienste tut,
Der muß sein Heil auf andre baun,
Hat nimmer einen frohen Mut,
Darf selbst dem Leben nicht vertraun.

Und ein anderes:
140. Wer, der in Reichtum schwelgt, ist dünkelfrei?
Wer fühlt die Nöte nicht in dieser Welt?
Wem brach wohl nie ein Weib das Herz entzwei?
Wer ist's, den nicht die Zeit gefesselt hält?
Wer darf als Freund den Fürsten wohl betrachten?
Wo sollte man den Dürftigen beachten?
Wer, wenn ihn Schurken in die Netze ziehn,
Wird unbeschädigt wieder draus entfliehn?

Da sagte Lebhaft: Rede, mein Freund! Zwinger sprach: Was soll ich Unseliger sagen?

Sieh:
141. Wie jener Mann, der in der Flut versinkt,
Die Schlange sieht und, ehe er ertrinkt,
Im Zweifel ist, ob er sie fassen soll,
So bin auch ich jetzt der Bestürzung voll.

Denn:
142. Mit Fürstenhuld ist's, tu ich's nicht, zu Ende;
Doch tu ich's, muß der liebe Freund verbluten.
O wüßt ich, was ich tu, wohin mich wende!
Ich muß versinken in des Unglücks Fluten.

So sagte er, seufzte tief und ließ sich nieder. Lebhaft sprach: Sage mir nur alles, mein Freund, was dein Herz bedrückt. Da flüsterte ihm Zwinger leise zu: Man soll zwar nicht verraten, was einem sein König im geheimen gesagt hat, indessen seid ihr hierhergekommen und hiergeblieben im Vertraun auf mich. Ich will mir aber das Glück der anderen Welt nicht verscherzen und dir darum einen guten Rat geben. Doch höre erst: Der König hat die Gesinnung, die er gegen dich hegte, gewandelt, und im geheimen sagte er: Ich werde diesen Lebhaft töten; mag mein Gefolge sich an seinem Fleisch erlaben. Als er dies vernommen, da wurde Lebhaft sehr betrübt. Zwinger fuhr fort: Verzweifle nur nicht gleich! Jetzt heißt es handeln und die Umstände benutzen! Lebhaft stand eine Weile in Sinnen versunken, dann sagte er: Wahrlich, ein wahres Wort ist's, wenn es heißt:

143. Man sieht, wie Schlechten oft geneigt die Fraun,
Wie Fürsten Schurken schenken ihr Vertraun,
Wie auf die kahlen Berge Indra regnet,
Und wie der Geizhals wird mit Geld gesegnet.

(Beiseite:) Ob aber der König dies wirklich beschlossen oder nicht, das kann man bei des Schakals Charakter nicht wissen, denn:

144. So mancher, der von selbst nichts wert ist, findet
Durch den Genossen Ruhm, dem er sich bindet,
Die schwarze Salbe kann uns nur behagen,
Wenn schöne Frauen sie am Auge tragen.

Was soll das bedeuten?

145. Nichts Neues ist's, erringst du trotz Geduld
Und Mühe dennoch nicht des Fürsten Huld.
Doch unerhört ist's, daß er wird zum Feind,
Hast redlich alle Mühen du geeint.

Darum ist's unmöglich und bedarf noch der Beweise, denn:

146. Wer zürnt mit Grund, der wird, wenn dieser weicht,
Begütigt leicht.
Doch wer dir grundlos zürnt ohn Unterlaß,
Der wahrt den Haß.

Darauf sagte er: Hab ich den Fürsten denn beleidigt? Doch Böses tun uns Fürsten ja auch ohne Grund. Zwinger sagte: So ist's, vernimm:

147. Selbst wenn ein Guter ihnen Liebes tut,
Erregt er oft der Fürsten Wut.
Wenn andre offenbar dem König schaden,
So sieht sein Auge sie in Gnaden.
Gar unbeständig ist der Fürsten Sinn,
Und schwer ist's, Fuß zu fassen drin.
Das Amt ist schwer, das Diener aufgenommen,
Selbst einem Büßer könnt's nicht frommen.

Und ein anderes:

148. Am Bösen ist die Tat verloren,
Hast hundertmal du wohlgetan.

Nichts frommen hundert Lehren Toren,
Die unverstanden sie empfahn.
Was sollen hundert der Befehle
Dem Menschen, der sie nicht vollführt?
Und nimmer wird des Dummen Seele
Durch hundert Reden auch gerührt.

Ferner:

149. Die Schlangen hausen auf dem Sandelbaum,
Die Lotosblüte prangt in See und Fluß,
Doch finden dort auch Krokodile Raum;
Es stört ein Böser jeglichen Genuß.
Kein Glück genießen wir auf Erden rein,
Stets muß ein Unheil im Gefolge sein.

Also Honig trägt der König auf der Zunge, aber Gift im Herzen, denn:

150. Der Schurke bietet feuchten Blicks
dir seines Sitzes Hälfte an,
Erhebt, sobald er dich erschaut, von weitem
hoch schon seine Hand,
Umarmt dich stürmisch, fragt dich aus und redet,
was dich freuen kann,
Ist innen Honig, außen Gift, in jedem Truge
wohl gewandt.
Vortrefflich spielt er seine Rolle, und gründlich
hat er sie studiert.
Wo hat er sich die Kunst erworben,
die einen Bühnenhelden ziert?

Sieh ferner:

151. Mit einem Schiffe fährt man über Seen,
Das Dunkel schwindet vor der Fackel Glut,
Der Wedel fächelt, ruht der Winde Wehn;
Ein Stachel hemmt des Elefanten Wut.
So ist auf dieser Erde nichts zu finden,
Wofür ein Mittel nicht das Schicksal sann.
Doch auch des Schöpfers Mühe da zerrann,
Als er des Schurken Sinn wollt überwinden.

Lebhaft sagte: Weh mir! Warum auch gab ich, der Kräuterzehrer, mich in des Löwen Gewalt! (Nach einigem Besinnen:) Ich kann mir aber auch gar nicht denken, was ihn gegen mich hätte aufbringen können! Doch es ist nun einmal mit dem König zum Bruch gekommen, und so habe ich allen Grund, ihn zu fürchten, denn:

152. Wenn sich durch irgendwelchen Fall
Der Diener und der Herr entzwein,
Und brach die Spange aus Kristall,
So muß die Trennung ewig sein.

Und ein anderes:

153. Der Zorn des Königs und des Blitzes Strahl,
Den Menschen bringen Schrecken sie zumal.
Nur einem kann der Blitz den Tod bereiten,
Des Königs Zorn verheert nach allen Seiten.

Auf denn zum Kampfe mit ihm – zum Kampf auf Leben und Tod! Denn jetzt ist's aus mit dem Gehorsam gegen seine Befehle:

154. Sollt in der Schlacht mein Feind getroffen sinken,
So sind's des Glückes Gaben, die mir winken.
Doch fall' ich selbst, so ist's der Götter Welt.
Zwei Güter sind's, und sie erringt der Held.

Übrigens ist es jetzt zum Kampfe die passendste Zeit:

155. Mußt ohne Kampf du sicher sterben,
Kann er dich retten vom Verderben,
So ist's, nach Weiser Wort, zum Streit
Die einzig angemessne Zeit.

Doch sage mir, mein Freund: Was beweist mir, daß er willens ist, mich zu ermorden? Zwinger sprach: Nun, wenn er dich anblickt, die Ohren steif, den Schweif erhoben, und wenn er sich mit geöffnetem Rachen zum Sprunge duckt, so ist es Zeit, auch deine Kraft zu zeigen, denn:

156. Zeigt seine Stärke nicht einmal der Held,
So wird er nur verachtet von der Welt.
Ein jeder weiß, daß kalt der Aschenhaufen,
Drum wird er ohne Scheu darüber laufen.

Aber wahret tiefstes Schweigen über alles, was ich Euch gesagt, sonst sind wir beide verloren!
Nach diesen Worten kehrte Zwinger zu Rabe zurück. Dieser rief ihm entgegen: Nun, was hast du ausgerichtet? Zwinger sagte: Ich habe ihn zuwege gebracht, den Bruch zwischen beiden. Rabe sprach: Ohne Zweifel, denn:

157. Wer möchte wohl in Böser Bunde stehn?
Wer zürnte nicht, bestürmt man ihn mit Flehn?
Wer ist zufrieden je mit seinem Gut?
Wem fehlte Klugheit, wenn er übeltut?

Und ein anderes:

158. Die Reichen werden arm durch Schelmenlist,
Damit die Bösen sich ihr Gut vermehren.
Dem Feuer gleicht der Schurke: beide zehren,
Was irgendwo in ihrer Nähe ist.

Darauf eilte Zwinger zum König und sagte: Majestät, der Verräter kommt, macht Euch bereit! Durch diese Worte veranlaßte er den König, die Stellung einzunehmen, die er vorher dem Stier angedeutet hatte. Lebhaft kam, und da er sah, daß der Löwe sich wirklich anders gebärdete als sonst, so zeigte auch er die Stärke, über die er verfügte. Beide forderten einander gewaltig zum Kampfe, und der Löwe würgte den Stier. Darauf ging der Löwe hinweg, und in bittrer Reue rief er aus: Welch eine grausame Tat hab ich begangen!

159. Ein König löse des Gesetzes Band,
So bringt die Tat nur seinem Feind Genuß,
Wie wenn vom Löwen stirbt der Elefant:
In ihn ergießt sich nur der Sünde Guß.

Und ferner:

160. Sollst du lassen ein gesegnet Land
Oder deinen Diener mit Verstand?
Länder kannst du leicht zurückerwerben;
Diener sind verloren, wenn sie sterben.

Zwinger sagte: Aber, Herr, ich kann Euch nicht begreifen! Euch gereut es, Euren Feind vernichtet zu haben? Und doch heißt es mit Recht:

161. Ob Vater, Bruder oder Sohn,
Ob Freunde Tod dem Fürsten drohn,
Er soll sie dem Verderben weihn,
Will sicher er und glücklich sein.

Ferner:

162. Wer gründlich Recht und Nutzen hat erkannt,
Läßt nicht zuvörderst gleich das Mitleid walten:
Wer immer Rücksicht nimmt, ist nicht imstand,
Was in der Hand er hält, auch zu behalten.

Weiter:

163. Es soll der Büßer freilich in Geduld
Mit Freund und Feind in Frieden leben.
Der Fürst jedoch belastet sich mit Schuld,
Der einem Gegner will vergeben.

Dann:

164. Wer sich will aus Übermut
Und Herrschsucht auf den Thron erheben,
Der kann als Sühne nur sein Blut
Für diese große Sünde geben.

Ferner:

165. Den Fürst von allzu weicher Seele,
Brahmanen, welche alles essen,
Das Weib, verlachend die Befehle,
Und Menschen, die den Dank vergessen,
Beamte, welche unentschlossen,
Und einen widerspenstgen Knecht,
Und einen schurkischen Genossen:
Die sollst du meiden, sie sind schlecht.

Besonders aber, Majestät, ist es eine Wahrheit:

166. Grausam, zart,
Sanft und hart,
Falsch und wahr,
Immerdar
Spendend Gabe,
Suchend Habe,
Immer gebend,

Gut erstrebend:
Also sei wie eine Dirne
Wandelbar der Fürsten Stirne.

So tröstete Zwinger den König. Über diesen kam seine alte Ruhe, er ging hin und setzte sich wieder auf seinen Thron. Fröhlich sagte Zwinger: Möge den Großkönig immer Sieg begleiten, und möge aller Welt Heil widerfahren! So sagte er und freute sich seiner Tat.

*

Viṣṇuśarman sagte: Das war die Erzählung vom Freundschaftsbruch. Die Prinzen sagten: Sie hat uns viel Vergnügen bereitet. Viṣṇuśarman sagte: Nun habe ich noch den einen Wunsch:

167. Nur in eurer Feinde Zelt
Mögen Freunde sich entzwein;
Möge stets der Menschen Welt
Nur mit Glück gesegnet sein;
Schurken ziehe das Geschick
Täglich näher der Vernichtung;
Stets erfreu der Jugend Blick,
Dieser Märchenwelt Erdichtung!

Drittes Buch
Der Krieg

Als nun wiederum die Zeit gekommen war, die Erzählung zu beginnen, da sagten die Prinzen: Würdiger Herr, eines Königs Söhne sind wir. Drum ist es unser Wunsch, nun auch vom Krieg zu hören. Viṣṇuśarman sprach: Ich will alles erzählen, was euch beliebt. So höret denn den Krieg, dessen erste Strophe also lautet:

1. Mit gleichen Kräften maßen sich im Streite
Flamingoscharen mit dem Heer der Pfauen.
Die Raben standen auf der Feinde Seite,
Und die Flamingos büßten ihr Vertrauen.

Die Prinzen fragten: Wie war das? Viṣṇuśarman erzählte:
Auf der Kampferinsel liegt ein Teich, der heißt Lotusspiel. Dort wohnte einst der Königsflamingo Goldleib, der zum Herrscher über alle Wasservögel gesalbt worden war, denn:

2. Der König sei ein wackrer Kapitän,
Die Untertanen wackre Steuerleute,
Sonst muß das Vaterland zu Grunde gehn,
Wird, wie ein Schiff, des wilden Meeres Beute.

Und ein anderes:

3. Der König schirmt sein Volk; das bringt Gewalt ihm ein;
Doch besser Schutz als Macht, soll alles recht gedeihn.

Einst nun saß jener Königsflamingo gemächlich auf seinem breiten Lotusdiwan, umgeben von seinem Hofstaate. Da trat zu ihm heran mit ehrfurchtsvoller Verneigung der Storch Langschnabel, der von einer Reise ins Ausland zurückkam. Der König sagte: Lieber Langschnabel, aus fernen Landen bist du gekommen, so erzähle, was du da gesehn! Jener sagte: Majestät, eine wichtige Nachricht habe ich mitzuteilen, und eben deswegen bin ich herbeigeeilt. So höret denn!

In Jambudvīpa liegt ein Gebirge, das heißt Vindhya. Dort residiert Buntfarb, ein Pfau, der König der Vögel. Mit Leuten nun aus seinem Gefolge traf ich im Dagdha-Walde zusammen, und die fragten mich, wer ich wäre und woher ich käme. Ich sagte: Ich bin ein Höfling und gehöre zum Gefolge des Königsflamingos Goldleib, der auf der Kampferinsel herrscht. Von dort habe ich aus Schaulust eine Reise in die Fremde unternommen. Da fragten mich die Vögel: Welches Land und welcher Fürst verdient wohl den Vorzug? Ich entgegnete: Wie könnt ihr nur so fragen! Gar ein gewaltiger Unterschied ist zwischen beiden. Gleicht doch die Kampferinsel dem Himmel und einem zweiten Himmelskönig unser Flamingo. Ihr aber, was wollt ihr hier anfangen in eurer Wüstenei? In mein Vaterland müßt ihr einmal kommen! Da wurden die Vögel zornig; heißt's doch:

4. Die Milch das Gift vermehrt,
Wenn sie die Schlange trank.
Wer einen Toren lehrt,
Der erntet Zorn für Dank.

Und ein anderes:

5. Nur den Klugen sollst du freundlich raten,
Jenen Leuten nicht, die sinnbetört.
Als die Vögel dieses dennoch taten,
Haben Affen drum ihr Nest zerstört.

Der König fragte: Wie war das? Langschnabel erzählte:

Erste Erzählung
Vögel und Affen

An der Narmadā steht am Fuße eines Berges ein gewaltiger Śālmalī-Baum. Der enthält viele Nisthöhlen, in denen die Vögel auch während der Regenzeit vergnüglich leben. Einst nun umzog sich das Himmelgewölbe mit schweren Wolken, die einem schwarzen Schleier glichen, und reichlich strömte der Regen hernieder. Da suchte eine Affenherde Schutz an des Baumes Wurzeln, die Kälte quälte sie, und sie zitterten vor Frost. Die Vögel, die das sahen, jammerte es, und sie sagten: Hört, ihr Affen:

6. Nur mit dem Schnabel haben wir
Aus Halmen uns ein Nest geschafft.
Ihr aber habt der Hände vier,
Und müßig sitzt ihr und erschlafft?

Das ärgerte die Affen, und sie sagten untereinander: Die Vögel freilich sind geschützt vor Wind und Wetter, darum höhnen sie uns. Aber laßt es sich nur erst ausregnen! Und als sich das Wetter aufgeklärt hatte, da kletterten die Affen auf den Baum, zerstörten die Nester und warfen alle Eier heraus. Darum sage ich: Nur den Klugen sollst du freundlich raten … (s. Vers 5).

Der König sagte: Schön! Doch erzähle weiter. Der Storch erzählte: Da sagte einer von jenen Vögeln, von wessen Gnaden ist denn euer Flamingo König? Nun faßte auch mich der Zorn, und ich tat die Gegenfrage: Und von wessen Gnaden denn dein Pfau? Da wollten sie mich ermorden, ich aber habe sie meine Kräfte fühlen lassen, denn:

7. Wie Frauen Schüchternheit,
So ziert Verträglichkeit
Den Mann zu seiner Zeit.
Wie Männer Mut im Streit,
Ziert Frauen Lüsternheit,
Die zum Genuß bereit.

Da lachte der König und sagte:

8. Wer prüfend auf den Feind nicht sieht,
Nicht seine eigne Macht betrachtet
Und nicht erwägt den Unterschied,
Der wird von seinem Feind verachtet.

Und ein anderes:

9. Es ging der Esel auf die Weide
In einem Felde voll Getreide:
Ihn schützte seine Tigerhaut,
Bis ihn verriet der Stimme Laut.

Der Storch fragte: Wie war das? Der König erzählte:

Zweite Erzählung
Der Esel im Tigerfell

In Hastināpura wohnte einst ein Wäscher namens Viśāla. Der hatte einen Esel, der vom Tragen der großen Lasten ganz kraftlos geworden war und dem Tode verfallen schien.

Da bedeckte ihn der Wäscher mit einer Tigerhaut, brachte ihn in eines Waldes Nähe und ließ ihn dort frei, mitten in einem Getreidefeld. Wenn ihn nun die Besitzer der Felder von weitem erblickten, da hielten sie ihn für einen Tiger und machten sich eiligst davon. Einst nun stand ein Flurwächter, in einen grauen Mantel gehüllt und mit Pfeil und Bogen ausgerüstet, in gebückter Stellung an einer Ecke des Feldes. Der Esel, dessen Leib gediehen und wieder zu seinen Kräften gekommen war, sah ihn aus nicht allzuweiter Ferne, und da er ihn für eine Eselin hielt, so ließ er sein Iah ertönen und trabte zu ihm heran. Da merkte der Flurwächter an der Stimme, daß es ein Esel war, und nun war es ihm ein Spiel, ihn zu töten.

Darum sage ich: Es ging der Esel auf die Weide ... (s. Vers 9). Doch nun weiter! Langschnabel erzählte:

Da sagten die Vögel: Du elender, jämmerlicher Storch wagst es, unsern Herrn zu schmähen? Das lassen wir uns nicht bieten! Und sogleich hieben sie mit ihren Schnäbeln auf mich ein und schrien wutentbrannt: Sieh, du einfältiger Storch, dein Flamingo ist immer ein gütiger Fürst, und darum hat er auf die Herrschaft überhaupt keinen Anspruch. Denn wer allzugütig ist, der kann nicht einmal das beschützen, was er in der Hand hält, wie sollte er ein Reich beschirmen! Oder was für ein Ding ist sein Reich? Bist du selbst doch nur ein Brunnenfrosch, sonst würdest du dich nicht auf seinen Schutz berufen. Höre:

10. Den großen Baum mußt du dir stets erwählen,
Dem Schatten nicht, noch reiche Früchte fehlen,
Und fehlt einmal die Frucht durch Schicksals Walten,
Den Schatten kann uns niemand vorenthalten.

Und ein anderes:

11. Nie soll man in Verlassner Dienste leben,
In Mächtger Schutz soll man sich stets begeben.
Wenn die Spelunkenwirtin Wasser hält,
Glaubt Branntwein nur zu sehen alle Welt.

Und ein weiteres:

12. Der große Schatz von Tugenden wird klein,
Spricht über ihn des Wichts Verstand.
Schaut in den winzgen Spiegel er hinein,
Verschwindet schier der Elefant.

Und besonders:

13. Einen Vorwand brauche man
Gegen große Fürstenmacht.
Was er sich vom Mond ersann,
Hat dem Hasen Glück gebracht.

Ich fragte: Wie war das? Die Vögel erzählten:

Dritte Erzählung
Elefanten und Hasen

Als einst sogar zur Regenzeit an Wasser Mangel war, da wandte sich eine Elefantenherde an ihren Führer und sagte: Herr, wie sollen wir uns helfen? All die geringen Wesen können sich hier ein Bad gönnen, uns aber ist es versagt, und wir gleichen den Blinden und wissen nicht, wohin wir gehn, noch was wir tun sollen. Da führte sie der Elefantenkönig eine kurze Strecke Wegs und zeigte ihnen einen klaren See. An dessen Ufern lebten nun aber Hasen, und diese wurden unter den Füßen der Elefanten zermalmt. Einer von ihnen, Döskopf mit Namen, dachte: Diese Herde durstiger Elefanten wird nun wohl täglich hierherkommen, und das bedeutet unseres Volkes Untergang. Aber ein alter Hase – er hieß Siegreich – sagte: Nur nicht gleich den Mut verloren! Ich weiß schon einen Ausweg, und den will ich einmal versuchen. Mit diesem Versprechen ging er davon und überlegte im Gehn, wie er es möglich machen könnte, zu den Elefanten zu reden, denn:

14. Die Ehre, die dir beut ein böser Mann,
Das Lächeln, spielend auf der Fürsten Munde,
Der Elefant, rührt er dich auch nur an,
Der Schlange Kuß, sie richten dich zugrunde.

Nun, ich steige auf einen Felsen und unterhandle von da aus mit dem Führer der Herde. Gedacht, getan. Der Herdenführer fragte: Wer bist du? Woher kommst du? Jener sagte: Ein Bote bin ich, und der heilige Mond hat mich gesendet. Der Herr der Herde sagte: So richte deinen Auftrag aus! Siegreich sagte:

15. Sind auch schon die Waffen blank,
Boten reden frei und frank,
Bergen wahre Worte nie,
Euresgleichen schirmen sie.

In dieser Zuversicht rede ich. Höre! »Du hast eine große Sünde begangen, denn du hast die Hüter vertrieben, die des Mondes See beschützen. Meinem Dienste sind diese Hasen geweiht, darum führe ich der Hasen Bild. Ein jeder weiß das.« Als der Bote geendet, da sagte der Herr der Herde, denn Schrecken hatte ihn ergriffen: Das war mir unbekannt, sonst hätte ich es nicht getan, und nie werde ich wieder dorthin gehn. Der Bote sagte: So gehe hin, falle vor dem Gotte nieder und versöhne ihn, denn er ist im See und bebt vor Zorn. Dann führte er den Herrn der Herde nächtlicherweise nach dem See, zeigte ihm des Mondes zitterndes Spiegelbild und hieß ihn niederfallen. Darauf betete er: Heiliger Gott, vergib ihm, denn er wußte nicht, was er tat. Damit entließ der den Elefanten.

Darum sage ich: Einen Vorwand brauche man ... (s. Vers 13).

Da sagte ich: Auch mein König ist ein glänzender und mächtiger König. Sofort nahmen mich die Vögel fest und fragten mich: Warum kommst du dann in unser Land?, und führten mich zu ihrem König Buntfarb. Vor diesen stellten sie mich hin, verneigten sich und sprachen: Majestät, wisse, daß dieser elende Storch, obwohl er in unserem Lande umherlungert, Eure Majestät zu beschimpfen wagt. Der König fragte: Wer ist er, und woher kommt er? – Ein Höfling des Flamingos Goldleib ist er und kommt von der Kampferinsel. – Da fragte mich ein Geier, der dort Minister ist: Wer ist bei Euch Kanzler? Ich sagte: Der Reiher Allwissend. Der Geier sagte: Er stammt aus Eurem Lande, ist also eine geeignete Persönlichkeit, denn:

16. Es soll sich zum Minister wählen ein Fürst
den Mann, der treu,
Des Landes Recht und Satzung kennend, vor Sünden
heget Scheu,
Der Waffenkundig, angestammt, Zivil- und Strafrecht
hat studiert,
Der klug ist, die Finanzen mehrt, und den ein guter
Name ziert.

Da sagte ein Papagei: Die Kampferinsel sowie all die übrigen kleinen Inseln sind doch alle nur Provinzen von Jambudvīpa. Auch über sie erstreckt sich ja die Herrschergewalt Eurer Majestät. Der König sagte: So ist es. Denn:

18. Selbst Dinge, die unmöglich sind,
Begehrt ein Fürst, ein trunkner Mann,
Ein Geldprotz, Weib, ein kleines Kind:
Erst recht drum, was man haben kann.

Da sagte ich: Ja, wenn man bloß mit dem Schnabel regiert, dann erstreckt sich auch die Herrschergewalt meines Herrn über Jambudvīpa. – Wie wollt ihr das beweisen? fragte der Papagei, und ich sagte: Durch den Krieg! Da lachte der König und sagte: Nun, da geh nur zu deinem König und sag, er soll sich fertig machen. Sofort entgegnete ich: So schicke deinen Boten mit mir! Der König sprach: Wer soll dies Amt übernehmen? Denn so muß einer beschaffen sein, den man mit dem Botenamt betrauen will:

19. Kühn, geduldig und gewandt,
Treue einend mit Verstand,
Ein Brahmane lasterrein:
Also soll der Bote sein.

Es gibt zwar viele, die diese Eigenschaften besitzen, aber gerade ein Brahmane muß es sein, denn:

20. Wenn durch des Herren Huld dir Glück erscheint,
Der Kaste Fehl vermag sie nicht zu hindern.

Wenn auch mit Śiva sich das Gift geeint,
Die Schwärze kann der Gott ihm nicht vermindern.

So mag denn der Papagei gehn. Papagei, du sollst mit diesem gehn und unsre Absicht verkünden! Da sagte der Papagei: Wie Majestät befehlen; indessen, dieser Storch ist ein Schurke, drum gehe ich nicht mit ihm.

Heißt's doch:

21. Was Böser Sinn erfunden,
Das lastet auf der Guten Haupt.
Das Weltmeer wird gebunden,
Wenn Rāvaṇa die Sītā raubt.

Und weiter:

22. Bei einem Bösewicht solltest nie du stehn,
Mit einem Bösewicht solltest nie du gehn.
Wie der Flamingo starb, der bei der Krähe stand,
So starb die Wachtel, die mit ihr zog über Land.

Der König sagte: Wie war das? Der Papagei erzählte:

Vierte Erzählung
Flamingo, Wandersmann und Krähe

An der Straße nach Ujjayinī steht ein Feigenbaum, auf dem ein Flamingo und eine Krähe nisteten. Dorthin kam einst zur heißen Sommerzeit ein Wanderer, und da er ermüdet war, warf er Pfeil und Bogen hin und legte sich unter den Baum schlafen. Doch dauerte es nicht lange, bis der Schatten von seinem Antlitz wich, und als der Flamingo auf seinem Baume sah, wie die Sonne ihre glühenden Strahlen auf des Mannes Haupt sandte, ergriff ihn Mitleid. Er breitete seine Flügel aus und beschattete es. Da öffnete der Wandersmann in der Wonne eines gesunden Schlafes seinen Mund, und die Krähe ließ ihren Unrat hineinfallen und flog davon. Sogleich sprang jener auf, blickte in die Höhe, und da er nur den Flamingo sah, so erlegte er ihn mit einem Pfeilschuß.

Darum sage ich: Bei einem Bösewicht solltest nie du stehn. Nun will ich euch auch die Geschichte von der Wachtel erzählen.

Wachtel, Hirt und Krähe

Einst zogen alle Vögel in einer Prozession zu Ehren des heiligen Garuḍa nach dem Meeresstrande, und die Wachtel flog neben der Krähe. Da ging unten ein Kuhhirte mit einem Gefäß voll saurer Milch auf seinem Kopfe, und die Krähe tat sich wacker gütlich daran. Der Hirt nahm seinen Topf herunter, sah in die Höhe und erblickte Krähe und Wachtel. Die Krähe kam mit dem Schrecken davon, die schwerfällige Wachtel aber fiel in seine Hände und mußte sterben.

Darum sage ich: Bei einem Bösewicht solltest nie du stehn … (s. Vers 22).

Da sagte ich: Lieber Bruder Papagei, was sollen solche Worte? Mir bist du so heilig, wie Seine Majestät der König selbst. Der Papagei sagte: Sicherlich, aber:

23. Der Bösen Rede fürcht ich nur,
Die freundlich lächelnd sich ergossen,
Wie Blumen, die sich der Natur
Zum Trotz zu falscher Zeit erschlossen.

Daß du aber ein Bösewicht bist, das haben mir deine Worte gezeigt, denn deine Schmähungen haben den Krieg zwischen beiden Herrschern heraufbeschworen.

Sieh:

24. Wenn er die Schuld auch sah genau,
So läßt begütigen sich der Tropf.
Es trug der Wagner seine Frau
Nebst dem Galan auf seinem Kopf.

Der König sagte: Wie war das? Der Papagei erzählte:

Fünfte Erzählung
Wagner, Wagners Frau und Buhle

In Yauvanaśrīnagara wohnte einst ein Wagner namens Mandamati. Der hatte gemerkt, daß seine Frau ihn betrog; doch hatte er sie und ihren Galan noch nie mit eigenen Augen zusammen gesehen. Da sagte er einst, er wolle in ein anderes Dorf gehn, ging auch wirklich eine Strecke Wegs, kehrte dann aber wieder um und verbarg sich unter seinem Bette. Da die Frau wirklich glaubte, ihr Gatte sei nach einem andern Dorf gegangen, so faßte sie Vertrauen, und als der Abend herankam, da ließ sie ihren Galan rufen. Als sie sich nun mit jenem im Bette der ausgelassensten Lust hingab, da berührte sie mit dem Fuße leicht den unten liegenden Gatten, erkannte ihn und war heftig erschrocken. Ihr Buhle sagte: Warum magst du heute mit mir nicht fröhlich genießen? Du siehst ja ganz bestürzt aus! Da sagte jene: Der, für den ich lebe, ist heute in ein andres Dorf gegangen, so mutet mich unser Dorf, obwohl mit allen seinen Bewohnern gefüllt, wie Waldesöde an. Ihr Buhle sagte: Wie kommt es denn, daß du in deinen Mann so verliebt bist? Das Weib sagte: Du Tor, wie kannst du nur so reden! Höre:

25. Wenn rauhe Worte redet auch der Mann,
    Und wenn er zeigt ein finster Angesicht,
    Schaut trotzdem ihn die Gattin freundlich an,
    So kennt die Gattin ihre Pflicht.

Und ein anderes:

26. Er lebe in der Stadt, er leb im Hain,
    Es sei der Gatte böse oder rein,
    Wenn ihn die Gattin hat mit Lieb umfangen,
    So wird der Welten Segen sie erlangen.

Und ein anderes:

27. Die höchste Schönheit gibt der Frau der Mann,
    Auch wenn sie kein Geschmeide ziert.
    Doch ist vom Gatten sie genommen, dann
    Die Schönste ihren Glanz verliert.

Dich hab ich wohl, wie's so mit Blumen und Betel geschieht, zuzeiten gern, aus bloßer Laune. Jener aber, der mein ganzes Leben beherrscht, der könnte mich verkaufen, den Göttern und Brahmanen opfern, kurz, mit ihm zu leben, bei seinem Tode in den Tod zu gehn, das ist mein fester Entschluß.

Denn:

28. Fünfunddreißig Jahresmillionen,
    Soviel Haare auf dem Haupte stehn,
    Werden Frauen dort im Himmel wohnen,
    Die zum Tode mit dem Gatten gehn.

Und ein anderes:

29. Wie aus der Höhle zieht mit Macht
    Ein Fänger eine Schlange vor,
    So zieht mit Kraft zu Himmels Pracht
    Die Gattin den Gemahl empor.

Als der Wagner dies alles mit angehört hatte, da pries er sich glücklich, eine Frau zu besitzen, die ihm in so inniger Zärtlichkeit ergeben war und so Liebes von ihm sagte, sprang auf und tanzte im Zimmer umher, das Bett samt Frau und Buhlen auf dem Kopfe.

Darum sage ich: Wenn er die Schuld auch sah genau … (s. Vers 24).

So entließ mich denn der König unter den üblichen Höflichkeitsformen, und der Papagei kam hinter mir her. Treffe denn Eure Majestät die nötigen Anstalten.

Da lachte der Reiher und sagte: Nun Herr, auf seiner Reise selbst war der Storch nach Kräften bedacht, für Eure Beschäftigungen zu sorgen. Doch das ist nun einmal so seine Art, denn:

30. Es gibt der Weise gern sein Geld,
    Um Zwistigkeiten zu vermeiden:
    Die Toren aber kennt die Welt
    Daran, daß ohne Grund sie streiten.

Der König sagte: Tadele nicht, was einmal geschehen ist! Wir wollen jetzt lieber die Sache ernstlich beraten. Der Reiher sprach: Herr, ich will mit Euch reden unter Ausschluß der Öffentlichkeit, denn:

31. Aus Antlitzfarbe, Stimme, Widerhall,
Dem Spiel der Augen und des Mundes Zug
Rät man den Sinn der Rede, ist man klug;
Geheim berate drum den wichtgen Fall!

So blieben denn König und Minister allein zurück, die andern gingen hinaus. Da sagte der Reiher: Majestät, ich bin der festen Überzeugung, daß der Storch dies alles auf Veranlassung irgend eines von unsern Beamten angerichtet hat, denn:

32. Dem Arzt gewährt der Kranke Speise,
Beamte freut ein Fürst im Leid;
Es lebt von Toren nur der Weise,
Der König von der Bürger Streit.

Der König sagte: Lassen wir das jetzt! Später allerdings werden wir der Sache auf den Grund zu kommen suchen. Jetzt ratet mir, was da zu machen ist! Der Reiher sagte: Majestät möge einen Spion dorthin entsenden, damit wir alle Vorbereitungen der Feinde und ihre Stärke oder Schwäche kennenlernen. Denn:

33. Der Fürst, der keinen Späher unterhält,
Zu spähen, wie's im eignen Reich bestellt,
Im fremden Reiche: dieser Fürst ist blind,
Weil Späher recht der Fürsten Augen sind.

Er selbst mag gehn mit einem zweiten, auf den man sich verlassen kann. Dann soll er dort bleiben, seinen Begleiter aber, dem er das Nötige mitteilt, heimlich zurücksenden. Heißt's doch:

34. Am heilgen Badeplatz, im Büßerhain
Soll mit Spionen sich der Fürst bereden,
Die dort verkleidet leben, unterm Schein,
Als forscht er nach Erkenntnis in den Veden.

Nun stellt sich aber ein Spion, der auf Land und Wasser zu Hause ist, leicht in den Sold beider Parteien; darum muß ihm ein zweiter Storch beigesellt werden, seine Familie aber bleibt inzwischen am Hofe. Doch auch diese Veranstaltung werden Majestät ganz im geheimen treffen, denn:

35. Bald hört durch Weiterplaudern die Welt
Den Rat, den vor sechs Ohren man hält.
Drum, abzuwenden empfindlichen Schaden,
Soll der König sich immer selbander beraten.

Und ein anderes; sieh:

36. Der Schaden, den sich selbst ein Fürst getan,
Der andre wissen ließ geheimen Plan,
Der kann sich nie zum Guten wieder kehren,
Wenn recht uns kluge Diplomaten lehren.

Der König überlegte, dann sagte er: Gut! Ich habe einen vorzüglichen Spion! Der Minister sprach: Majestät, damit ist der Sieg schon errungen.

In diesem Augenblick trat der Türhüter herein, verneigte sich und sprach: Majestät, ein Gesandter von Jambudvīpa, ein Papagei, harrt an der Tür. Der König sah den Reiher an, und dieser sagte: Er möge sich einstweilen in das für ihn bereitete Gemach begeben, später wird er in Audienz empfangen werden.

Als der Türhüter weggegangen war, sagte der König: Da hätten wir ja den Krieg! Der Reiher sagte: Und doch, Majestät, verstößt auch unter diesen Umständen der Krieg gegen das Gesetz, denn:

37. Ein schlechter Kanzler, welcher unbedacht
Dem König rät, zu ziehen in die Schlacht;
Ein schlechter Kanzler, welcher ohn Verweilen
Dem König rät, aus seinem Land zu eilen.

Und ein anderes:

38. Weil sich im Kampf der Sieg für beide kann entscheiden,
So soll man mit dem Feind zu kämpfen stets vermeiden.

Denn:

39. Ein jeder Wundertaten tut,
Bevor er noch gesehn die Schlacht.
Wer fühlt in sich nicht Heldenmut,
Verkennt er seines Gegners Macht?

Und weiter:

40. Nicht Mensch noch Tier den Felsen so bewegt,
Als ihn der Hebel regt;
Mit kleinem Mittel großes Resultat,
Das lehrt ein guter Rat.

Aber der Krieg ist nun einmal da, und so gilt's eben zu handeln.

Denn:

41. Wie Samen, den zu rechter Zeit gestreut
Ein Ackersmann mit emsger Sorglichkeit,
So trägt dies kluge Handeln zwar nicht heut,
Doch sicher reiche Frucht zu seiner Zeit.

Und ein anderes:

42. Den Feind scheut in der Ferne nur der Held,
Kommt er heran, so wirkt er große Tat.
Es zeigt sich bei den Großen in der Welt
Der Mut, sobald das Unglück ist genaht.

Und ein anderes:

43. Allzu große Hitze bald
Hindert jedes Werks Gelingen.
Ist der Strom auch noch so kalt,
Wird er durchs Gebirge dringen.

Und, Majestät, König Buntfarb verfügt über ganz bedeutende Streitmächte.

44. Wer ist es, der beweisen kann,
Daß nur mit Mächtgen sei zu streiten?
Kämpft mit dem Elefanten man,
So kann man leicht den Tod erleiden.

Und weiter:

45. Wer noch, bevor die nötge Zeit verflossen,
Den Feind bestürmt, der ist ein Wicht
Und gleicht der Fliege, die der Flügel Sprossen
Treibt unbesonnen in ein Licht.

Ferner:

46. Es zieht zusammen sich der Weise lange
Wie eine Schildkröt, duldet manchen Stoß.

Doch kam die rechte Zeit, wie eine Schlange
Schießt plötzlich er auf seinen Gegner los.

Vernimm, o Herr:

47. Wenn man die rechten Mittel sich erkor,
Nimmt man's mit Großen und Geringen auf,
Wie gleich dem mächtgen Baum das schwanke Rohr
Weiß zu entwurzeln eines Stromes Lauf.

Vertrösten wir daher jenes Fürsten Boten vorerst so lange, bis wir unsere Festung gehörig instand gesetzt haben, denn:

48. Bedeckt ihn einer Festung Wall,
So tötet hundert wohl ein Schütze,
Und hundert töten hunderttausend.
Drum ist die Festung äußerst nütze.

Ferner:

49. Schirmen feste Burgen nicht ein Land,
Fällt's in übermütger Feinde Hand,
Und sein Herrscher selbst gerät in Not,
Wie ein Mensch, entfiel er seinem Boot.

50. Wohlbedacht sei eine Burg,
Mit Wasserwerken, Wällen, Gräben,
Steh auf steiler Felsenhöh,
Von Wüste, Wald und Strom umgeben.

51. Sieben Dinge braucht die Feste,
Daß sie ihrem Zweck entspreche,
Ein- und Ausgang, Korn und Wasser,
Brennholz, Raum und Hügelfläche.

Der König sagte: Wen aber sollen wir damit betrauen, die Festung instand zu setzen? Der Reiher erwiderte:

52. Wozu sich eignet jedermann,
Zu diesem Werke stell ihn an.
Was nützt dir alle Theorie?
Ohne Praxis – schadet sie.

Man rufe den Kranich herbei! So geschah es, und als der König dem Kranich viel Angenehmes gesagt hatte, fuhr er fort: Mein lieber Kranich, du sollst unsere Festung instand setzen. Der Kranich verneigte sich und sprach: Herr, unsere Festung steht schon lange unter guter Kontrolle, und groß ist der See. Aber notwendig ist es, auf die Insel, welche in seiner Mitte liegt, Proviant zu bringen, denn:

53. Von allem Proviant hat stets
Das Korn den meisten Wert,
Denn niemand fristet seinen Leib,
Wenn er am Zepter zehrt.

54. Das Salz ist's, das der Brühe den Geschmack verleiht,
Fehlt das, ist fade sie wie Kuhmist, ohne Streit.

Der König sagte: So eile denn und mache alles kriegsfertig! –

Da trat der Türsteher herein und sagte: Majestät, der Rabenkönig Wolkenfarb von Siṃhaladvīpa mit seinem Gefolge entbietet Euch seinen Gruß und bittet um eine Audienz. Der König sagte: Ein Rabe ist wohlerfahren, hat viel gesehen, und darum muß ich ihn schon empfangen. Der Reiher sagte: Ganz recht, Majestät! Indessen ist der Rabe ein Landvogel und steht somit auf unserer Gegner Seite. Wie dürftet ihr ihn da empfangen? Heißt's doch:

55. Zieht einer zu der Feinde Ort
Und geht von seinen Freunden fort,
Dem droht von seinen Feinden Mord,
So wie dem blauen Schakal dort.

Der König sagte: Wie war das? Jener erzählte:

Sechste Erzählung
Der blaue Schakal und die Tiere des Waldes

Ein Schakal streifte nach Lust und Belieben in der Nähe einer Stadt und fiel dabei in ein Faß, welches Indigo enthielt. Da er sich nicht herauszuarbeiten vermochte, so stellte er sich am Morgen tot und verharrte in dieser Verfassung, bis der Eigner des Fasses ihn herauszog, eine Strecke Wegs davontrug und ihn dann wegwarf. So entkam er in den Wald.

Hier betrachtete er sich, und als er bemerkte, daß er ganz blau aussah, so dachte er: Ich habe jetzt einen vorzüglichen Anstrich von Vornehmheit, warum sollt ich mir da nicht eine hervorragende Stellung erringen können? Darum rief er die Schakale zusammen und hielt an sie folgende Ansprache: Die heilige Gottheit des Waldes hat Uns eigenhändig mit aller Kräuter Säften zum König über diesen Wald gesalbt. Betrachtet Unsre Farbe! So hat denn von heute an in diesem Walde alles zu geschehen, wie Wir es anordnen. Die Schakale sahen seine Farbe, fielen ehrfurchtsvoll vor ihm nieder und sagten: Wie Majestät befehlen! So gelang es ihm, umgeben von seinen Verwandten, die Herrschaft über alle Tiere des Waldes an sich zu reißen. Inmitten nun von Tigern, Löwen und andern edlen Höflingen schämte er sich der Schakale, wenn er sie betrachtete, und endlich ging er so weit in seiner Mißachtung, daß er sie gänzlich aus seiner Umgebung verbannte. Darüber waren sie höchst empört. Das sah ein alter Schakal, und tröstend sagte er: Grämt euch nicht, daß dieser Tor uns verachtet, kennen wir doch seine schwache Seite! Es wird bald mit ihm aussein, dafür laßt mich nur sorgen! Alles kommt nur darauf an, ihn zu entlarven, denn der Tiger und die andern alle, die sich durch seine Farbe täuschen lassen, erkennen in ihm nur darum ihren König, weil sie nicht wissen, daß er ein Schakal ist. Das aber müßt ihr so anfangen: Wenn der Abend dämmert, findet ihr euch alle in seiner Nähe ein, und plötzlich brecht ihr in ein lautes Geheul aus. Hört er nun diesen Lärm, so zwingt auch ihn die Natur dazu, in euer Geheul einzustimmen, denn:

56. Die Natur, die einem jeden eigen,
Niemand kann sie völlig übersteigen.
Sollt ein Hund auch eine Krone tragen,
Deine Schuhe würd er doch benagen.

Dann muß ihn doch der Tiger an seiner Stimme erkennen und wird ihn töten. So taten sie, und wirklich traf auch alles so ein.

Heißt's doch:

57. Dem Feind, der uns am eignen Herd erstand,
Sind unsere Blößen, Schwächen, Kraft bekannt.
Im Mark versengt uns seine frevle Hand,
Wie einen dürren Baum ein Feuersbrand.

Darum sage ich: Zieht einer zu der Feinde Ort … (s. Vers 55).

Der König sprach: Wenn dem auch so ist, so wollen wir ihm doch die Audienz gewähren, hat er doch einen gar weiten Weg zu uns gemacht! Allerdings wollen wir dann erst reiflich erwägen, ob wir ihn in unsern Verband aufnehmen sollen. Der Reiher sagte: Majestät, der Spion ist abgesandt, die Festung ist in Bereitschaft gesetzt, so wollen wir nun den Papagei vorlassen und dann verabschieden.

Aber:

58. Den Nanda mordet Cāṇakya
Durch eines Boten arge List.
Der Fürst seh Boten immer da,
Wo er vom Hof umgeben ist.

Da ließ der Fürst seinen Hofstaat versammeln, und Rabe und Papagei wurden hereingeführt. Der Papagei nickte leicht mit dem Kopfe, ließ sich auf einem dargebotenen Sessel nieder und sagte: Höre, Goldleib! Es läßt dir vermelden der große Buntfarb, der Könige König: Ist dir dein Leben lieb, so komm sogleich, dich zu meinen Füßen zu bücken; wenn nicht, so bereite dich zur Flucht aus deinem Lande! Da wurde der König zornig und rief: Weh mir! Ist keiner da, der mich räche? Da stand Wolkenfarb auf und rief: Befiehlt Eure Majestät, so will ich diesen Schurken von Papagei töten! Aber Allwissend sagte zum König und zum Raben, um sie zu beschwichtigen: Hört doch!

59. Das ist kein Rat, in dem es fehlt an Greisen,
Das Greise nicht, die aufs Gesetz nicht weisen,
Das kein Gesetz, da Wahrheit nicht enthalten,
Das Wahrheit nicht, wo tücksche Ränke walten.

Die Gesetzesvorschrift, die hier gilt, lautet:

60. Sind selbst zum Stoß die Waffen schon bereit,
Es hat ein Bote immer frei Geleit,
Denn eines Fürsten Mund trägt er fürwahr,
Sei er Brahmane, sei er ein Barbar.

Und ein anderes:

61. Wer glaubt an fremde Hoheit, eigne Niedrigkeit,
Wenn so ein Abgesandter spricht?
Ein Abgesandter hat ja immer frei Geleit,
Drum zügle er die Zunge nicht.

Da faßten sich der König und der Rabe, und der Papagei stand auf und ging. Aber auf die Vorstellungen des Reihers wurde er zurückgerufen und mit Ketten und anderen Kleinodien beschenkt entlassen.

Der Papagei ging nun wiederum nach dem Vindhya-Gebirge, trat vor den König und verneigte sich. König Buntfarb sagte: Nun, Papagei, welche Botschaft bringst du? Wie steht's mit jenem Lande? Der Papagei sprach: Majestät, in kurzen Worten ist es dies, was ich zu berichten weiß: Rüstet Euch zum Krieg! Denn jenes Land, die Kampferinsel, ist ein himmlisches Land, dessen Pracht zu malen meine Rede nicht vermag. Da rief der König seine Großen zusammen, um mit ihnen Rats zu pflegen, und als sie alle versammelt waren, begann er: Jetzt sagt alle eure Meinung, wie wir in dem unvermeidlichen Krieg zu handeln haben, denn unvermeidlich ist dieser Krieg.

Heißt's doch:

62. Den Fürsten, die zufrieden schaun,
Brahmanen, welche nie zufrieden,
Verschämten Dirnen, edlen Fraun,
Die schamlos, ist der Tod beschieden.

Darauf sagte Weitblick, der Geier: Majestät, einen Krieg gleich so vom Zaune zu brechen, wenn man noch nicht die nötigen Vorbereitungen getroffen, ist nicht ratsam, denn:

63. Wenn man mit Fürsten weit und breit im Frieden lebt,
Wenn man mit ihnen durch ein festes Band verwebt,

Wenn unsern Feinden sie schon selber Böses sinnen,
Erst dann soll man den Krieg beginnen.

Und ein anderes:

64. Drei Früchte sind's, die einem Krieg entsprossen:
Gebiet und Gold und treue Kampfgenossen;
Denkt man sie alle sicher zu gewinnen,
Erst dann soll man den Krieg beginnen.

Der König sagte: Der Minister soll meine Streitkräfte revidieren, oder soll ihr Nutzen nur darin bestehen, daß ich ihnen ihren Sold zahle? Ferner soll man den Sterndeuter rufen, damit er uns sage, wann die Konstellation günstig ist zum Abmarsch. Der Minister entgegnete: Und trotzdem ist es nicht ratsam, so schnell aufzubrechen, denn:

65. Toren, welche unbedacht
Stürzen auf der Feinde Macht,
Müssen die Umarmung leiden
Von der Feinde Schwerterschneiden.

Der König sprach: Minister, gib den Versuch auf, mich von meinem Entschlusse abzubringen; sage mir lieber, wie ein Fürst, der nach Eroberungen dürstet, eines andern Königs Reich erobern kann. Der Geier sagte: Gut, ich will es Euch sagen. Ihr müßt aber auch nach meinen Worten handeln, soll der Feldzug mit Erfolg gekrönt sein. Heißt's doch:

66. Nimmer führt zur rechten Tat
Schon den Herrn ein bloßer Rat,
Denn des kräftgen Mittels Kunde
Heilt allein noch keine Wunde.

Indessen muß man der Weisung eines Königs folgen, und so will ich Euch denn mitteilen, was ich gelernt habe. Eure Majestät vernehme:

67. An Flüssen, Bergen, Wäldern, überall,
Wo man befürchtet einen Überfall,
Dort soll ein Feldherr ordnen jederzeit
Den Heereszug, daß er zum Kampf bereit.

68. Ein Führer zieh dem Heer voran,
Beschützt von tapfrer Männer Hand.

Ihm folgen Heer und Frauen dann,
Bediente, Troß und Proviant.

69. Zu beiden Seiten Kavallerie,
In deren Flanke Wagen streiten;
Dann die, die Elefanten reiten,
Ganz außen dann die Infanterie.

70. Mit großem Söldnerheere drauf,
Mit den Ministern im Verein
Der Oberfeldherr hinterdrein,
Der muntre oft die Müden auf.

71. Es taugt, wo voll von Hügeln ist ein Land,
Wo Flüsse, Sümpfe sind, der Elefant,
Auf ebnem Land das Roß, das Schiff zur See,
Auf jeglichem Terrain die Fußarmee.

72. Es ist geraten, in des Regens Zeiten
Auf Elefanten sitzend vorzureiten.
Die Pferde wähle man zu andrer Frist,
Zu jeder Zeit das Fußvolk tauglich ist.

73. Den Herrn zu schützen, eile man behende.
Vorm Feind und in gefährlichem Gelände,
Und wenn auch noch so gut der Posten wacht,
Es schlummre halb der Fürst nur in der Nacht.

74. Die Feinde schreckst du, jagst sie in die Flucht,
Machst gangbar du das Land für Heereswucht.
Marschierst du in der Feinde Land hinaus,
So schicke drum ein Wäldlerheer voraus.

75. Der Fürst sei stets mit Schätzen wohl bedacht,
Denn ohne Geld ist's aus mit seiner Macht.
Nur tapfre Leute werb er an zum Streite;
Kämpft doch ein jeder auf des Gebers Seite.

Denn:

76. Kein Mensch ist andrer Menschen Knecht,
Man dient ja nur der Herren Geld.
Sei arm, so giltst du jedem schlecht;
Den Reichen ehrt man in der Welt.

77. Man fechte in geschlossnen Reihn,
Daß wechselnd sich die Krieger decken,
Und Truppen, deren Kräfte klein,
Soll man in Heeres Mitte stecken.
78. Das Fußvolk streite an der Spitze gleich,
So soll ein Fürst es ordnen in der Welt;
Verwüsten soll er seines Feindes Reich,
Wenn er belagernd ihn gefangenhält.
79. Mit Wagen ficht auf flachem Land und Roß,
Mit Kahn und Elefant am Wasserherde,
Aus Wald und Buschwerk mit des Pfeils
Geschoß,
Jedoch auf trocknem Land mit Schild
und Schwerte.
80. Klug vernichte man der Feinde Felder,
Ihre Wiesen, Brunnen, ihre Wälder,
Öffne Wälle, Gräben, und aus Teichen
Lass' des Wassers Fluten man entweichen.
81. In dem ganzen Heer – das ist erkannt –
Hält den ersten Platz der Elefant;
Führt er doch, dem Feinde Not zu schaffen,
An des Leibes Gliedern acht der Waffen.
82. Auch Reiter nützen überall,
Führst du auf flachem Lande Krieg.
Sie sind wie ein mobiler Wall
Und werben ihrem Fürsten Sieg.
Heißt's doch:
83. Die Götter selbst gewaltge Streiter,
Nur schwer besiegten sie die Reiter;
Wenn fern der Reiter erst erscheint,
Hält er schon in der Hand den Feind.
84. Den Schutz der ganzen Heeresmacht,
Das Fußvolk hat ihn in der Pflege;
Zuerst eröffnet es die Schlacht
Und säubert überall die Wege.

85. Als bestes Heer ist immer das bekannt,
In dem die Ritter sind der Hauptbestand,
Die, waffenkundig, treu und unerschlafft,
Sind von Natur begabt mit Heldenkraft.
86. So freudig kämpft kein Mann für vieles Geld,
Als wenn sein König ihn in Ehren hält.
87. Des Heeres Masse darf man nicht betrachten,
Auf seine Güte soll man immer achten.
Ein kleines Heer von Helden schafft ja leicht,
Daß eine Memmenherde scheu entweicht.
88. Strenge, Degradation,
Aufschub, unbezahlter Lohn,
Unvergoltner Heldenmut
Schüren der Verschwörung Glut.
89. Willst deine Feinde sicher du besiegen,
So schone klug des eignen Heeres Kraft.
Es wird dir leicht des Feindes Macht erliegen,
Ist sie durch lange Märsche schon erschlafft.
90. Man richtet mit dem klügsten Plan nicht aus,
Was ein Verwandter tut im Fürstenhaus.
Drum sei bedacht, die Prinzen zu verführen,
Den Aufruhr unter ihrem Volk zu schüren.
91. Dem Hauptminister soll man sich verbünden,
Und mit den Erben geh man im Verein,
In Feindesland die Zwietracht zu entzünden:
Im Felde gilt's, entschlossen stets zu sein.
92. Hat seiner Freunde Schar enttäuscht der Feind,
Sei diesen schnell zu seinem Sturz geeint.
Durch Viehraub auch lock ihn zum Streite schlau,
Dann töte ihn ein Schuß aus dem Verhau.
93. Sein eignes Reich soll sich ein König mehren
Durch Leute, die in Feindes Land gefangen,
Und diesen spende Gaben er und Ehren,
So wird er selbst zu reichem Gut gelangen.

Der König sagte: Ach, was bedarf's der langen Rede?

94. Der eigne Glanz, des Feindes Fall,
Darinnen liegt die Staatskunst all.
Dies ist der Diplomaten Satz,
Auf ihm steht ihrer Rede Schatz.

Lächelnd fuhr er fort: Alles das hat man gesagt, indessen:

95. Was hat ein regelloses Sein
Mit regelrechtem Tun gemein?
Es finden Dunkel sich und Helle
Doch nimmer an derselben Stelle.

Damit erhob sich der König, und als der vom Sterndeuter als glücklich bezeichnete Zeitpunkt gekommen war, rückte er aus. Da kam der Spion, der zur Beobachtung ausgeschickt war, zu Goldleib und meldete: Majestät, schon ist König Buntfarb in der Nähe, und gegenwärtig lagert er auf dem Hochland des Malaya. Man soll die Burg sofort einer genauen Untersuchung unterziehn! Jener Geier ist dort Kanzler. Ich habe nun ein vertrauliches Gespräch belauscht, das er führte, und dadurch erfuhr ich, daß er schon lange einen Söldling in unserer Burg unterhält. Der Reiher sagte: Majestät, das ist der Rabe! Der König sagte: Keine Spur! Wie hätte er sich's sonst so angelegen sein lassen, den Papageien anzugreifen? Der Spion sagte: Erst seit dem Weggange des Papageien ist man dort in Kriegsbegeisterung. Jener aber hält sich doch schon lange hier auf. Der Minister sagte: Und trotzdem ist der hergelaufene Kerl mir verdächtig! Der König sagte: Auch ein Fremdling kann uns nützlich sein. Höre:

96. Ein Freund der Fremde, der sich unserm Nutzen eint,
Der Freund, der Schaden bringt, ist sicher unser Feind.
Das Fieber schadet, das aus unserm Leib erglüht,
Die Pflanze heilt es, die im wilden Walde blüht.

Ferner:

97. Der treue Knecht Vīravara
Entschloß sich, seines Sohnes Leben
Für seinen König Śūdraka
Zu Anfang gleich dahinzugeben.

Der Reiher fragte: Wie war das? Der König erzählte:

Siebente Erzählung
Rājput und König

Einst hatte ich mich auf dem Lustteiche des Königs Śūdraka in Kampferknospe, die Tochter des Königsflamingos Kampferspiel, verliebt. Dorthin nun kam – woher, weiß ich nicht – Vīravara, ein Rājput, trat an den Türhüter des Königs heran und sagte zu ihm: Ich bin ein Rājput, bereit, um Sold zu dienen. Verschaffe mir eine Audienz beim König. Die Audienz wurde ihm bewilligt, und er sagte: Majestät, bedürft ihr meiner Dienste, so nehmt mich in Euren Sold. Śūdraka fragte: Und welchen Sold verlangst du? Vīravara sagte: Vierhundert Kronen täglich. Der König fragte: Wie bist du gerüstet? Vīravara sagte: Mit zwei Armen und einem Schwert. Der König sprach: Dann kann ich's nicht gewähren. Da verneigte sich Vīravara und ging. Nun sagten aber die Minister: Nehme Majestät ihn auf vier Tage in Sold, zu prüfen, was an ihm ist, ob er seinen guten Leistungen entsprechend den hohen Lohn verlangt, oder ob er nichts leistet. So rief ihn denn der König zurück, ließ ihm Betel reichen und gab ihm dann die vierhundert Kronen. Der König ließ nun ganz geheim beobachten, was jener mit dem Gelde tat. Da nun stellte es sich heraus, daß er den Göttern und Brahmanen die Hälfte und die Hälfte vom Rest den Notleidenden gab. Das übrige verwandte er auf seinen Unterhalt und sein Vergnügen. Dies hielt er für seine Pflicht und tat es beständig. Dann aber stand er Tag und Nacht an des Königs Tür, sein Schwert in der Hand. Nur auf ausdrücklichen Befehl des Fürsten ging er nach Hause.

Nun begab sich's, daß der König in der vierten Nacht wehmütige Klagelaute vernahm. Da rief er: Wer steht an der Tür? Vīravara sagte: Ich, Majestät, Vīravara, bin es. Der König sprach: Geh' jenen Klagerufen nach! Zu Befehl! sagte Vīravara und ging. Der König dachte: Ich habe ihn, den Rājputen, ganz allein in die stockfinstere Nacht hinausgeschickt; ich will doch lieber auch gehn und sehn, was da vorgeht. So nahm der König gleichfalls ein Schwert, ging jenem nach und kam so aus der Stadt hinaus. Vīravara gewahrte, daß es ein jugendschönes reichgeschmücktes Weib war, das da klagte, und er fragte sie: Wer bist du, und warum weinst du? Das Weib antwortete: Ich bin das Glück Eures Königs Śūdraka. Lange habe ich mich des Schutzes seiner Arme erfreut, und nun muß ich von ihm gehn. Vīravara fragte: Wie könnte es geschehn, daß du Heilige ihm wieder zu eigen würdest? Das Glück erwiderte: Wenn du deinen eigenen Sohn, der alle zweiunddreißig Glückszeichen am Körper trägt, der heiligen Göttin, die alles Glück verleiht, als Opfergabe darbringst, dann werde ich fröhlich und auf lange Zeit wieder bei ihm wohnen. So sagte sie und verschwand.

Da ging Vīravara nach Hause, weckte seine schlafende Gattin, und auch sein Sohn erwachte. Sie standen auf, setzten sich zu Vīravara, und dieser erzählte ihnen alles, was ihm die Glückgöttin gesagt. Da sagte Śaktivara fröhlich, als er es vernommen: Wohl mir, daß mir vergönnt ist, des Herren Thron zu festen. Drum, lieber Vater, zögre nicht. Ist's doch ein hoher Zweck, dem ich mein Leben opfre!

Denn:

98. Es opfere sein Gut und gehe in den Tod
Der Weise, andere zu retten aus der Not.
Denn da wir alle gehen in den Tod hienieden,
Sei uns zu gutem Zweck der Untergang beschieden.

Da sagte auch Śaktivaras Mutter: Wie könnten wir den hohen Sold, den uns unser König gewährt, verdienen, wollten wir dies nicht tun? Nach dieser Beratung begaben sie sich alle in Durgās Tempel. Da betete Vīravara zu Durgā und sprach: Hehre Göttin, verleihe gnädig Sieg dem großen König Śūdraka, und nimm dafür dieses Opfer an! Damit schlug er seinem Sohne das Haupt ab. Dann aber dachte Vīravara: Der Sold ist vergolten, den ich vom König empfangen, mein Sohn ist hin; so ist mir das Leben eine Pein. Damit schnitt er auch sich das Haupt ab. So tat auch seine Gattin in ihrem Kummer über ihres Gemahls und ihres Sohnes Tod.

Alles dies hatte der König mit gehört und gesehen, und staunend dachte er:

99. Wichte, die von meinem Schlage,
Leben, sterben alle Tage,
Doch noch keinen gab's wie den,
Keinen wird man wieder sehn.

Was nützt mir nun mein Königreich, in dem dieser Mann fehlt? So zog denn nun auch Śūdraka sein Schwert, sich das Haupt abzuschneiden. Da aber hielt die heilige Durgā den König zurück und sagte: Lieber Sohn, nicht voreilig! Dein Reich wird nun dem Verderben entgehn. Der König warf sich vor ihr in den Staub und sagte: Hehre Göttin, was soll mir jetzt mein Reich und mein Leben? Fühlst du Mitleid mit mir, so belebe diesen wieder mit Weib und Kind, sei's auch um mein Leben. Sonst geh ich den Gang, den zu gehen mir geziemt. Die Göttin sprach: Ich bin zufrieden mit deinem trefflichen Charakter und deiner Güte gegen die Diener. Geh hin und Sieg soll dich krönen. Auch dieser Rājput soll leben mit den Seinen! – Darauf ging der Rājput mit den Seinen nach Hause. Auch der König kehrte in seinen Palast zurück, ohne daß sie ihn sahen, und legte sich schlafen.

Als nun Vīravara wieder an der Tür stand, da antwortete er auf die Frage des Königs: Majestät, ein Weib war es, das weinte, und es verschwand, als es mich erblickte. Etwas anderes weiß ich nicht zu berichten. Der König war zufrieden und dachte: Wie könnte man seinen Edelmut würdig preisen, denn:

100. Rede freundlich, ohne doch zu klagen,
Sei ein Held, doch ohne es zu sagen,
Gib, doch wem du spendest, sieh genau,
Sei energisch, aber sei nicht rauh.

Dies sind die Zeichen eines wahrhaft großen Mannes, und bei ihm sind sie vollständig vorhanden. Dann berief der König am Morgen eine Versammlung der Großen seines Reichs, erzählte rühmend die Tat des Rājputen und schenkte ihm huldvoll das Königreich Karṇāṭa.

Warum sollen nun die Fremden an sich schon böse sein? Auch hier gibt's Vorzügliche, Durchschnittsmenschen und Schlechte. Der Reiher sprach:

101. Ein schlechter Kanzler, der das Schlechte nennet gut,
Damit er seinem Herrn nur den Gefallen tut.
Es ist doch besser, daß den König er verstimmt,
Als daß der schlechte Rat ihm gar das Leben nimmt.

Höre, Herr:

102. Was jener sich durch sein Verdienst erworben,
Erwerb auch ich – so dachte der Barbier.
Ein Bettler ist von seiner Hand gestorben,
So führte ihn zum Henker seine Gier.

Der König fragte: Wie war das? Der Minister erzählte:

Achte Erzählung
Barbier und Bettler

In der Stadt Ayodhya lebte ein Ritter, der hieß Cūḍāmaṇi. Diesen gelüstete nach Gütern, und so verehrte er denn durch strenge Selbstpeinigung den Gott, der als Juwel in seinem Diadem den Halbmond führt. So wurden seine Sünden getilgt, und der Herr der Yakṣa erschien ihm im Traume durch die Gnade des hochheiligen Gottes und gab ihm diesen Befehl: Wenn du heute morgen rasiert bist, so nimm einen Stock und verbirg dich hinter der Tür deines Hauses. Dann wirst du sehen, wie ein Bettler in deinen Hof tritt. Den sollst du unbarmherzig mit dem Stock erschlagen, so wird der Bettler zu einem goldgefüllten Topfe werden. Mit diesem Gold magst du dann, wie dir's beliebt, dein Leben lang in Freuden leben. So tat der Ritter, und die Verheißung ging in Erfüllung. Der Barbier, den er hatte kommen lassen, ihn zu rasieren, hatte alles mit angesehn, und so dachte er denn: Aha! Das ist also das Mittel, zu Geld zu kommen! Warum sollt ich's nicht auch so machen? So versteckte sich denn der Barbier jeden Morgen, einen Stock in der Hand wie jener, und wartete auf einen Bettler, und als nun wirklich einer kam, da schlug er ihn mit dem Knittel tot. Für dies Verbrechen aber wurde nun auch der Barbier von des Königs Henkern zu Tode geprügelt.

Darum sage ich: Was jener sich durch sein Verdienst erworben … (s. Vers 102). Der König sagte:

103. Wie können längst geschehene Geschichten,
Die man erzählt, wohl einen Fremdling richten,
Ob selbstlos er als Freund uns ist gewogen,
Ob unser Glaube wird von ihm betrogen?

Lassen wir das also jetzt, und denken wir an das, was nun zu tun ist. Buntfarb steht auf dem Hochland des Malaya, was ist da zu machen? Der Minister entgegnete: Majestät, als vorhin der Spion zurückkam, habe ich aus seinem Munde vernommen, daß König Buntfarb sich wenig an die Ratschläge seines Kanzlers kehrt. Das wäre ein Mittel, diesen Toren zu besiegen, heißt's doch:

104. Ein König, der ein Tor, von tückscher Art,
Der gierig, sorglos ist, der furchtsam, hart,
Der lässig ist, dem nichts am Heere liegt,
Der wird, sagt man mit Recht, gar leicht besiegt.

Darum soll dem Kranich und den andern Generälen sofort der Befehl zugehen, an schwierigen Übergängen über Flüsse und Gebirge und auf Straßen, die durch Wälder führen, die feindlichen Truppen möglichst zu vernichten, bevor sie die Eingänge in unsere Festung blockieren können. Heißt's doch:

105 Der Feinde Heer begegne mit den Waffen,
bis Macht Hunger, Durst und Seuche ihm zu schaffen,
107. Wenn es zerstreut, vor Räuberstämmen zagt,
Wenn es von Regen wird und Sturm geplagt,
Wenn es betrunken, wenn es sitzt beim Mahl,
Wenn's nicht geordnet, wenn's in schwacher Zahl,
Wenn es von langen Märschen ist ermüdet,
Wenn eine Feuersbrunst im Lager wütet,
Wenn's ihm vor Schlamm und Staub und Nässe graut,
Wenn sich's an Bergen, Wäldern, Flüssen staut.

Und ein anderes:
108. Schläft ein Heer bei Tage, das die Nacht,
Weil vor dir es faßte banges Zagen,
Ängstlich hat mit Wachen zugebracht,
Dann ist's Zeit, den Angriff schnell zu wagen.

Drum wollen wir jede Bedrängnis, in der der Feind ist, erspähn und bei Tag und Nacht, wenn uns die Umstände günstig sind, seinem Heere zusetzen.

So geschah es denn nun wirklich, und eine große Menge von Soldaten und Offizieren in Buntfarbs Heere wurden getötet. Da wandte sich Buntfarb in seinem Kummer an Weitblick und sprach: Lieber Kanzler, bist du's, der uns vernachlässigt, oder habe ich irgendwie einen Fehler begangen? Heißt's doch:

109. Es soll ein Fürst nicht ungehörig handeln,
Weil er sich stützt auf seine Herrschgewalt.
Kann doch ein Fehler bald sein Glücke wandeln,
Gleichwie das Alter eine Prachtgestalt.

Ferner:

110. Man wird gesund, wenn kräftge Speise man genießt,
Und aus gesundem Leib ein reines Glück entsprießt;
Des Wissens Gut erringt, wer unermüdet strebt,
Und der geschickte Mann in Wohlergehen lebt.
Wer jeden Fehler meidet sorglich in der Welt,
Nur der gelangt zu Ruhm, zu Tugend und zu Geld.

Der Geier entgegnete: Majestät,

111. Wenn sich ein Fürst an weise Räte wendet,
So braucht er selber nicht gelehrt zu sein,
Wie ja ein Baum auch kühlen Schatten spendet,
Steht er am Bach und saugt sein Wasser ein.

Und ein anderes:

112. Auf Trunksucht, Weiber, Jagd und Spiel,
Auf harte Strafen und Verschwendung,
Auf hartes Wort der Fürst verfiel
Infolge sündiger Verblendung.

Ferner:

113. Die dieses heut und morgen das ersinnen,
Die unbesonnen gehn an ihre Werke,
Die werden nimmer hohen Ruhm gewinnen.
Nur Klugheit bringt ja Glück und Heldenstärke.

Du siehst, daß du über ein starkes Heer verfügst, und unbesonnen wird nun gleich das Unternehmen überstürzt. Und habe ich einen heilsamen Plan oder einen guten Rat, so stößt er bei dir auf taube Ohren, und harter Worte hab' ich genug hören müssen. So liegt dieser Mißerfolg einzig in deiner verwerflichen Handlungsweise, heißt's doch:

114. Welches Fürsten Politik gedeiht,
Wenn sein Ohr er schlechten Räten leiht?
Wen verschont hienieden je der Tod?
Wer gesundet, zehrt er schlechtes Brot?
Wer im Glücke ist's, der nüchtern bliebe?
Wessen Körper zehrt nicht Weiberliebe?

Da hab ich oft gedacht: Wie unverständig, so die Lehren der Politik seinen persönlichen Wünschen zu opfern, denn:

115. Wie soll vom besten Unterricht
Dem Unverständgen Nutzen kommen,
Verlor ein Mann das Augenlicht,
Was soll ihm dann ein Spiegel frommen?

So hab ich denn geschwiegen. Der König, mit gefalteten Händen: Mag sein, lieber Kanzler, daß ich allein gesündigt habe, ich gebe es zu. Nun aber gib mir deinen Rat, wie ich mit meinem Heere, soweit ich es noch besitze, wieder nach dem Vindhya-Gebirge komme. Der Geier dachte bei sich: Das wollen wir schon verhindern! Doch:

116. Erzürne nie die Fürsten, Greise, Kinder,
Brahmanen, Götter, Kranke, Lehrer, Rinder.

Lächelnd sagte er: Nur keine Furcht! Fasse nur wieder Vertrauen. Vernimm, o Herr:

117. Vereint er, was auf ewig schien entzweit,
So zeigt ein Kanzler seine Fähigkeit;
Wenn jedes Übel einen Leib verheert,
Da kann ein Arzt beweisen, was er wert.

Denn gehn die Dinge ruhig ihr Geleise,
Wo bieten sich der Fähigkeit Beweise?

118. Geringes fangen Toren an
Und lassen da sich schon verwirren.
Nur Großes tut ein weiser Mann,
Und nichts kann seine Ruhe irren.

Erst zwingt mit Eurer Macht die Festung, und dann will ich Euch, wenn Ihr Ruhm, Majestät und Gewalt errungen, was übrigens nicht mehr lange dauern wird, nach dem Vindhya zurückführen. Der König sagte: Wie sollte ich bei der Schwäche meines Heeres solche Taten bewirken? Der Geier erwiderte: Majestät, das wird sich alles machen! Wer aber siegen will, der muß – das ist zur Erfüllung seiner Absicht unerläßlich – energisch vorgehen, und darum müssen noch heute die Zugänge zur Festung blockiert werden.

Der Storch nun, den Goldleib als Spion abgesandt hatte, kam zu diesem zurück und meldete ihm: Majestät, seine Heeresmacht ist klein und darum kommt er auf des Geiers Rat herbei, die Zugänge zu unserer Festung zu blockieren. Der Flamingo sagte: Was sollen wir nun tun? Der Reiher sprach: Jetzt heißt's, die eigenen Truppen nach ihrem Wert und Unwert prüfen und den Kerntruppen, wie sich's geziemt, Gold, Gewänder und andere Gaben zu reichen; heißt's doch:

119. Der Fürst, der wie auf tausend Golddukaten sieht
Auf einen Heller, der an falschen Ort geriet,
Der doch am rechten Ort auch Millionen schenkt,
Der ist ein Musterfürst, den nie Fortuna kränkt.

Und ein anderes:

120. Für Opfer, Hochzeit, Ruhmestaten,
Verwandte, die in Not geraten,
Wenn's gilt, sich Freunde zu erwerben
Und seine Feinde zu verderben,
Für liebe Fraun, in Unglückszeiten
Soll jede Summe man bestreiten.

Denn:

121. Ein Tor, der all sein Gut verscherzt,
Weil ihn ein kleiner Aufwand schmerzt.
Kein Kluger opfert seine Waren,
Um übergroßen Zoll zu sparen.

Der König sagte: Was soll aber, wie die Dinge jetzt stehn, ein übergroßer Aufwand? Heißt's doch:

122. Die Schätze spare auf die Zeit der Not.

Der Minister sagte:

Wo wird ein Glücklicher von Leid bedroht?

Der König sagte:

Des Glückes Tage können schnell vergehn!

Der Minister sagte:

Auch um die Schätze ist es schnell geschehn.

Drum sei kein Knicker und spende den Soldaten, die sich in deinen Truppen auszeichnen, Geld und Ehren; heißt's doch:

123. Krieger, die sich kennen, die zufrieden,
Edle, die zu sterben sind bereit,
Hast du Ehren ihnen drob beschieden,
Diese siegen, ziehst du in den Streit.

124. Entschlossne Krieger, Mann an Mann geschart,
Charakterfest und treu, von Heldenart,
Sind's auch fünfhundert nur und keiner mehr,
Vernichten sicherlich der Feinde Heer.

Ferner:

125. Wie eine Frau den egoistschen Mann,
So fliehen Gute schon den Undankbaren,
Der roh, der keine Größe würdgen kann,
Erst recht entlaufen ihm der Wichte Scharen.

Denn:

126. Wahrheit, Gabe, Heldentum,
Sind der höchste Fürstenruhm,
Und der König wird verachtet,
Der nach andern Dingen trachtet.

Darum zeichne vor allem deine Räte aus; heißt's doch:

127. Ist einer so zu dir gestellt,
Daß er mit dir sich hebt und fällt,

So darfst du sicher auf ihn baun,
Ihm Gut und Leben anvertraun.

Denn:

128. Der Fürst, der Schelmen, Knaben hört und Fraun
Und diesen Räten spendet sein Vertraun,
Den faßt der schlechten Politik Orkan,
Und er versinkt im Pflichtenozean.

Sieh, Herr:

129. Der Fürst, der weise seine Habe mehrt,
Dem Zorn und Freude nicht den Sinn verblendet,
Der seine Diener nach Verdienste ehrt,
Der ist es, dem die Erde Schätze spendet.

130. Behandle nie Minister schlecht
Und denke: 's ist ja nur mein Knecht!
Teilt er getreulich doch dein Los,
Wird klein mit dir, wird mit dir groß.

Denn:

131. Stürzt sich ein Fürst, der blind von Unverstand,
In der politischen Geschäfte See,
So ist des guten Kanzlers Tat die Hand,
Die ihn ergreift und zieht aus seinem Weh.

Da trat Wolkenfarb heran, verneigte sich und sprach: Herr, sieh mich gnädig an! Dort draußen vor den Toren steht der Feind und harrt in Ungeduld des Kampfes. Befiehl, o Herr, so eile ich hinaus und zeige, was mein Mut vermag. So, Majestät, zahl ich die Schuld, die deine Huld auf mich geladen. Der Reiher sagte: Auf keinen Fall! Was nützte dann die Feste, wollten wir vor ihr auf freiem Felde streiten? Bedenkt auch das:

132. Das Krokodil ist schrecklich in der Flut,
Auf freiem Feld es keinen Schaden tut;
Der Löwe ist im Walde nur ein Held,
Doch gleicht dem Schakal er auf freiem Feld.

Übrigens, Majestät, solltet Ihr selbst den Kampf in Augenschein nehmen.

Denn:

133. Das Heer soll vor dem Fürsten streiten,
Doch soll sein Blick es stets begleiten.
Bekommt ein Hund doch Löwenmut,
Auf dem des Herren Auge ruht.

So gingen sie denn alle nach dem Burgtor, und es entspann sich ein heftiges Gefecht.

Am nächsten Tage sagte König Goldleib zum Geier: Lieber Kanzler, jetzt wär's an der Zeit, dein Versprechen zu erfüllen. Der Geier sprach: Höre:

134. Ist klein die Festung, hält nicht lange Stand,
Und ist ein Tor und Schuft der Kommandant,
Wird schlecht verteidigt sie von feigen Kriegern,
So öffnet bald die Tore sie den Siegern.

Auf unsern Fall aber trifft das nicht zu:

135. Geduldige Belagerung, Verrat,
Entschlossner Sinn und ehrenhafte Tat,
Das sind vier Mittel, die man führet an,
Womit die Festung man bezwingen kann.

Und gegenwärtig tun wir schon unser Möglichstes – und damit sagte er ihm ins Ohr, was im Werke war. Als sich nun am nächsten Morgen schon vor Sonnenaufgang an den vier Toren ein heißer Kampf entsponnen hatte, da steckten die Raben gleichzeitig die Gebäude im Innern der Festung in Brand. Laut ertönte der Ruf: ›Die Festung ist genommen! Die Festung ist genommen!‹ und da sie das Feuer mit eigenen Augen lodern sahen, so stürzten sich viele von des Flamingos Soldaten und andere Bewohner der Festung eiligst in den See, denn:

136. Guter Rückzug, guter Plan,
Heldentat und guter Streit
Sei zu rechter Zeit getan,
Immer sei dazu bereit.

Der Flamingo war ein behäbiger Geselle, konnte infolge seiner Konstitution nur langsam gehn und wurde daher samt seinem Begleiter, dem Kranich, von dem Hahn, dem Feldherrn Buntfarbs, und seinen Leuten umringt. König Goldleib sagte: Kranich, lieber Feldherr, du sollst dein Leben nicht aus Verehrung für mich opfern! Du kannst jetzt noch entkommen, drum eile und geh ins Wasser. Dann sollst du aber meinen Sohn Cūḍāratna im Einverständnis mit meinem Kanzler zum König machen. Der Kranich erwiderte: Herr, so unerträgliche Worte solltet ihr nicht reden! Sieg sei dir beschieden, so lange Mond und Sonne leuchten! Ich bin der Festungskommandant deiner Majestät. Erst muß mein Fleisch und Blut den Torweg decken, durch den der Feind in unsre Festung zieht. Dazu, Majestät,

137. Gar selten ist der Herr, der dich beschenkt,
Den Fehl verzeiht und deines Werts gedenkt.

Der König sagte: Gewiß, aber

Gar selten ist der Diener, der dich liebt
Und klug und treu sich deinem Wohl ergibt.

Der Kranich sagte: Hör auch einen andern Spruch, Gebieter:

138. Droht nirgends sonst der Tod als im Gefecht,
Flieht darum man die Schlacht, so wär es recht.
Doch da sich keiner kann vor ihm verstecken,
Wozu noch ohne Not den Ruhm beflecken?

Und ein anderes:

139. In diesem unbeständgen Erdenleben,
Behend wie winderregtes Wellenbeben,
Setzt mancher seinen Leib für andre ein.
Das lohnt die gute Tat im frühren Sein.

Du, Herr, bist mein Gebieter: dich zu schützen ist immer meine Pflicht, denn:

140. Die Burg, das Heer, des Reiches Kasse,
Der Fürst, das Land, der treue Rat,
Die Freunde und der Bürger Masse,
Das sind die Glieder an dem Staat.

Aber unter diesen ist das wichtigste Glied am Staate der König:

141. Wenn auch ein Staat vortrefflich sonst gedeiht,
Fehlt ihm der Fürst, muß er verderben.

Entschwand dem Menschen seine Lebenszeit,
Hilft ihm kein Götterarzt vom Sterben.

142. Schließt der König seine Augen, schließt sie auch der Menschen Zahl;
Öffnet er die Augen wieder, öffnen alle sie zumal;
Gleichen all der Lotusblume, die bei jedes Morgens Licht
Ihren schönen Kelch erschließet vor der Sonne Angesicht.

Da kam der Hahn heran und führte mit Schnabel und Krallen auf den Flamingo einen Hieb. Sofort sprang der Kranich dazwischen, und mit seinem Leibe deckte er rettend den König. Die Hähne hieben nun mit Schnäbeln und Krallen auf ihn ein, so daß er schwer verwundet wurde; trotzdem deckte er den König und drängte ihn ins Wasser, tötete auch mit einem Schnabelhieb den Hahn, der Feldherr war. Endlich aber mußte der Kranich der Menge unterliegen und fand den Tod.

Darauf hielt der König Buntleib seinen Einzug in die Feste, raubte, was zu rauben war und kehrte, fröhlich den Siegesliedern seiner Sänger lauschend, in seine Hauptstadt zurück.

*

Die Prinzen sagten: Ein herrliches Los ist in Flamingos Heer dem Kranich zugefallen, da es ihm vergönnt war, zur Rettung seines Herrn sich selbst zu opfern. Hier paßt der Spruch:

143. Jede Kuh gebiert ein Junges zwar,
Das an Form den andern völlig gleicht;
Eine nur gebiert den Herrn der Schar,
Dessen Horn den mächtgen Bug bestreicht.

Viṣṇuśarman sprach:

144. Die Helden, die im Kampf ihr Leben
Für ihren Herrn dahingegeben,

Sich dankbar seinem Wohl geweiht,
Empfängt des Himmels Herrlichkeit.

Ferner:

145. Fällt unverzagt in seiner Feinde Schar
Ein Kriegsheld,
Hat er erworben durch den Tod fürwahr
Der Götter Welt.

Und so möge es geschehn:

146. Mögen nie ins Land in euren Herrschertagen
Elefanten, Heer und Roß die Fehde tragen;
Eurer Staatskunst Sturm soll eure Feinde schlagen,
Daß in Höhlen nur sie noch zu leben wagen.

Viertes Buch
Der Friede

Da sagte Viṣṇuśarman: Ich habe euch nun den Krieg erzählt: jetzt wollen wir wieder Frieden schließen. Darüber lautet die erste Strophe:

1. Geliefert war die große Schlacht,
Der Fürsten Heere umgebracht.
Da brachte der Minister Wort
Den Frieden ihrem Land sofort.

Die Prinzen fragten: Wie war das? Viṣṇuśarman erzählte:
Da fragte der Flamingo: Wer hat das Feuer in unsere Feste geworfen? War's der Feind, oder hat es ein Burgbewohner getan im Einverständnis mit dem Feinde? Der Reiher sagte: Majestät, jener Wolkenfarb, der sich so plötzlich als euer Freund entpuppt hatte, ist samt seinem Gefolge verschwunden, und ich vermute, sein Werk ist die Feuersbrunst. Da stand der König eine Weile in Sinnen versunken; dann sagte er: Wohl, so ist es, und mein Unstern hat es so gefügt; heißt's doch:

2. Nicht der Minister Unverstand,
Das Schicksal hat uns dies getan,
Was brächte sonst wohl außer Band
Den oft so gut gefügten Plan?

Der Minister sagte: Heißt's doch auch:

3. Wenn der Mensch in Not geraten,
Schilt er stets sein Mißgeschick;
Doch die Fehler seiner Taten
Übersieht des Toren Blick.

Ferner:

4. Wenn ein Mann sich nicht kehrt an der Freunde ermahnendes Wort,
Kommt er um, wie gestürzt ins Verderben die Schildkröte dort.

Der König fragte: Wie war das? Jener erzählte:

Erste Erzählung
Schwäne und Schildkröte

Im Lande Magadha liegt ein See, der heißt Lotusblut. Dort wohnten lange Zeit zwei Schwäne mit ihrer Freundin, einer Schildkröte. Nun kamen dahin einst Fischersleute, und sie beschlossen, an seinem Gestade zu übernachten und am nächsten Morgen Fische, Schildkröten und was sonst im Wasser lebt zu fangen und zu töten. Die Schildkröte hörte ihre Beratung und sagte darum zu den Schwänen: Liebe Freunde, ihr habt der Fischer Gespräch vernommen, was soll ich nun wohl anfangen? Die Schwäne sagten: Warten wir's ruhig ab, und was uns dann am geratensten erscheint, das wollen wir tun. Die Schildkröte sagte: Um keinen Preis! Ich habe das Unheil hier schon einmal erlebt; heißt's doch:

5. Fürsicht sich und Kaltblut Glück erwerben,
Wasgeschieht dagegen mußte sterben.

Jene fragten: Wie war das? Die Schildkröte erzählte:

Zweite Erzählung
Die drei Fische

Einst kamen hier an denselbigen See ebensolche Fischer. Da berieten sich drei Fische, was zu tun sei. Der eine – er hieß Fürsicht – sagte: Nun, ich gehe nach einem anderen Gewässer. Damit schwamm er in einen anderen Teich. Der zweite Fisch, namens Kaltblut, meinte: Was soll ich, ohne etwas Sicheres zu wissen, Maßregeln für die Zukunft ergreifen? Mag erst das Ereignis kommen, dann will ich schon tun, was die Umstände erfordern, heißt's doch:

6. Selbst wenn das Mißgeschick schon brach herein,
Kann sich ein Mann erretten, ist er schlau,
Wie vom Galan, der schon ertappt, den Schein
Zu wenden wußte jene Kaufmannsfrau.

Wasgeschieht fragte: Wie war das? Kaltblut erzählte:

Dritte Erzählung
Der Kaufmann, seine Frau und ihr Diener

In Vikramapura wohnte einst ein Kaufmann namens Samudradatta. Dessen Gattin Ratnaprabhā stand in fortwährendem Liebesverkehr mit ihrem Diener, denn:

7. Nie liebt einen Mann die Frau,
Nie sie einen Mann verachtet,
Wie die Kuh in Waldesau
Stets nach neuen Kräutern trachtet.

Einst nun sah Samudradatta, wie Ratnaprabhā diesem Diener einen Kuß auf seinen Mund drückte. Da ging das freche Frauenzimmer sogleich auf ihn zu und sagte: Lieber Mann, unser Diener genießt sein Leben! Eben habe ich ganz deutlich an seinen Lippen Hiṅgu-Geruch wahrgenommen. Heißt's doch:

8. Doppelt zehrt das Weib – das ist ja allbekannt –,
Vierfach aber ist bei Weibern der Verstand,

Sechsfach ist der Trieb, zu wahren ihren Willen,
Achtfach ist der Trieb, die Liebeslust zu stillen.

Da stellte sich auch der Diener zornig und rief: Wie soll es ein Diener in einem Hause aushalten, wo eine solche Wirtschaft ist? Jeden Augenblick beriecht die Frau einem den Mund! Damit stand er auf und ging, und nur mit Mühe konnte ihn der Kaufmann überreden zu bleiben.

Darum sage ich: Selbst wenn das Mißgeschick schon brach herein ... (s. Vers 6).

Da sagte Wasgeschieht:

9. Was nicht verhängt, wird nicht geschehn,
Geschehn wird, was einmal beschlossen. –
Der Trank zerstört der Sorgen Gift,
Warum denn wird er nicht genossen?

Am Morgen nun wurde Kaltblut im Netze gefangen und stellte sich tot. Man warf ihn heraus, und mit Aufbietung aller Kräfte gelang es ihm, ins tiefe Wasser zu springen. Wasgeschieht aber wurde von den Fischern gefangen und getötet.

Darum sage ich: Fürsicht sich und Kaltblut Glück erwerben ... (s. Vers 5). Drum müssen wir dafür sorgen, daß ich noch heute in einen andern See komme. Die Schwäne sagten: Aber was kann dich schützen bei deiner Wanderung auf dem Trockenen? Die Schildkröte sagte: Wir müssen eben ein Mittel ausfindig machen, kraft dessen ich mit euch auf dem Luftpfade wandeln kann. Die Schwäne sagten: Wie sollt es solch ein Mittel geben? Die Schildkröte sprach: Ihr faßt einen Holzstab mit euren Schnäbeln, und ich halte mich mit meinem Munde daran fest. Dann machen wir, ihr sowohl als ich, uns durch die Kraft eurer Schwingen aus dem Staube. Der eine Schwan sagte: Das geht! Indessen:

10. Auf deinen Vorteil sollst du immer spähn,
Doch auch den Nachteil sollst du nie vergessen.
Der Storch, der unbedacht, muß selber sehn,
Wie die Ichneumons seine Jungen fressen.

Die Schildkröte fragte: Wie war das? Der Schwan erzählte.

Vierte Erzählung
Störche, Schlange und Ichneumone

Im Norden liegt ein Berg, der heißt Geierhorn. Dort nisteten am Ufer der Airāvatī Störche auf einem Feigenbaum. Unter den Wurzeln dieses Baumes aber hauste eine Schlange in ihrer Höhle, und diese Schlange fraß die jungen Störche. Da sagte ein Storch, als er hörte, wie seine Genossen in ihrem Leide jammerten: Folgt meinem Rate, fangt Fische und streut sie einzeln hin in einer Reihe, von der Höhle eines Ichneumons bis zur Höhle der Schlange. Die Ichneumone, lüstern nach der Speise, werden sicherlich herbeikommen, und wenn sie dann die Schlange erblicken, so macht ihre natürliche Feindschaft den Tod der Schlange unvermeidlich. So taten sie, und was sie erwartet hatten, geschah. Da hörten aber die Ichneumone auf dem Baume den Lärm, den die jungen Störche machten, und so verzehrten sie nun auch diese noch.

Darum sage ich: Auf deinen Vorteil sollst du immer spähn ... (s. Vers 10). Und wenn wir dich nun tragen, so ist es nicht zu vermeiden, daß dich die Leute sehn und davon reden. Du hörst das, antwortest und – kommst um. Drum ist's immer besser, hierzubleiben. Die Schildkröte sprach: Bin ich denn eine solche Törin? Kein Sterbenswörtlein werde ich sagen. – So taten sie also ihren Willen. Wie nun die Kuhhirten die Schildkröte in dieser Lage sahen, da liefen sie alle lärmend hinterdrein. Einer rief: Die wird gleich hier gebraten und gegessen! Ein anderer schrie: Nein, die nehmen wir mit nach Hause! Als sie nun diese grausamen Worte vernahm, da vergaß die Schildkröte ihren früheren Vorsatz und rief in ihrem Unmut: Dreck sollt ihr fressen! Da aber fiel sie natürlich herunter und wurde von den Kuhhirten getötet.

Darum sage ich: Wenn ein Mann sich nicht kehrt an der Freunde ermahnendes Wort ... (s. Vers 4).

Da kam ein Storch herbei, derselbe, der vorher als Spion abgesandt worden war, und sagte: Majestät, was ich Euch vorher geraten, nämlich die Festung von Verrätern zu säubern, das habt Ihr nicht getan. Hier habt Ihr nun die Frucht Eurer Unterlassungssünde. Der Rabe, Majestät, hat den Brand verursacht, und zwar im Auftrage des Geiers. Seufzend sagte der König:

11. Trau keinem Feinde, der sich höflich neigt,
Bei jedem Anlaß seine Achtung zeigt.
Der Mann, der auf dem Baum in Schlaf gewiegt,
Erwacht mit Schmerzen, wenn er unten liegt.

Der Spion berichtete weiter: Als Wolkenfarb unsre Feste in Brand gesteckt hatte, da trat er vor Buntfarb, und huldvoll sagte dieser: Wir wünschen, daß unser lieber Wolkenfarb zum Könige gesalbt werde über die Kampferinsel. Heißt's doch:

12. Hat ein treuer Diener seine Pflicht getan,
Soll er auch den schuldgen Lohn empfahn,
Und in Wort und Werk beweise seine Huld
Ihm der Fürst, zu tilgen seine Schuld.

Weiter, mahnte der Reiher, und der Spion erzählte: Da entgegnete aber der Geier, Buntfarbs Kanzler: Majestät, das geht nicht an, bezeugt ihm Eure Gnade in anderer Weise, denn:

13. Als ob man taube Ähren drischt, so mutet's an,
Entwickelt seinen Plan ein Tor im Unverstand.
Beweise deine Huld dem niederträchtgen Mann,
Es frommt dir ebenso, als netztest du den Sand.

Heißt's doch:

14. Hebt man den Niedern aus der Not heraus,
Läuft man Gefahr, durch ihn zu sterben.
Zum Tiger macht der Büßer dort die Maus,
Gleich sinnt sie auf des Herrn Verderben.

Buntfarb fragte: Wie war das? Weitblick erzählte:

Fünfte Erzählung
Büßer und Maus

Im Büßerwalde Gautamas, des großen Weisen, lebte der Einsiedler Mahātapas. Dieser fand bei seiner Klause ein junges Mäuschen, das einer Krähe aus dem Schnabel gefallen war. Da ergriff den Büßer Mitleid, er nahm es und fütterte es mit Körnern von wildem Reis auf. Einst sah der Mönch, wie eine Katze sich bemühte, das Mäuschen zu fangen und zu fressen, da verwandelte er es kraft seiner durch die Buße erworbenen Macht in eine Katze. Darauf geriet sie vor einem Hund in große Furcht, und so verwandelte er sie in einen Hund. Endlich flößte diesem Hund ein Tiger gewaltigen Schrecken ein: sofort verwandelte der Büßer den Hund in einen Tiger. Der Einsiedler aber betrachtete den Tiger immer so, als ob er noch das Mäuschen wäre, und alle, die ihn besuchten, sagten: Das ist das Mäuschen, das der Einsiedler zum Tiger gemacht hat! Das merkte der Tiger, und ingrimmig dachte er: Solange dieser Büßer lebt, wird man nicht aufhören, mir zur Schande sich von meinem Ursprung zu erzählen. Und so ging er auf den Büßer zu, um ihn zu morden. Das merkte der Büßer und verwandelte ihn wieder in die Maus.

Darum sage ich: Hebt man den Niedern aus der Not heraus ... (s. Vers 14). Übrigens, Herr, ist es auch nicht ratsam, Euren Plan auszuführen. Höre:

15. Ein Reiher hatte Fische schon verzehrt,
Verschieden groß und von verschiedner Schwere,
Doch als er gierig immer mehr begehrt,
Da tötet ihn ein Krebs mit seiner Schere.

Buntfarb fragte: Wie war das? Der Geier erzählte:

Sechste Erzählung
Reiher und Krebs

Im Lande Mālava liegt ein See, der heißt Lotusschoß. Dort wohnte ein alter kraftloser Reiher, der stellte sich sehr traurig. Ein Krebs, der sich indessen in respektabler Entfernung hielt, fragte ihn, warum er immer so dastünde, ohne Nahrung zu sich zu nehmen. Der Reiher sagte: Vernimm, mein Freund! Die Fische sind es, die meinen Leib erhalten. Nun war ich in der Nähe der Stadt, und da belauschte ich denn eine Beratung von Fischern, die fest beschlossen, hier einen Fischzug zu halten. Da ich nun einsehe, daß ich dem Tode nicht entgehn kann, weil ich keine Nahrung habe, so schere ich mich überhaupt nicht mehr um sie. Da dachten die Fische: In solchen Zeitläuften müssen wir auch im Reiher unsern Retter sehn, so wollen wir ihn fragen, was da zu machen ist. Heißt's doch:

16. Mit Freunden, schaden sie, verwirf den Bund,
Und wenn er nützt, vereine dich dem Feind.
Sind Nutz und Schaden doch allein der Grund,
Daß uns als Feind, als Freund ein Mann erscheint.

So fragten die Fische: Was kann uns da retten? Der Reiher sagte: Euch kann nur die Zuflucht in ein anderes Gewässer retten: dahin will ich euch bringen. In ihrer Angst stimmten ihm die Fische bei. Da nahm denn der arge Reiher die Fische Stück für Stück, trug sie davon und – verzehrte sie. Bald sagte auch der Krebs: Lieber Reiher, bringe mich auch dahin! Da den Reiher nach dem vorzüglichen Fleische des Krebses gelüstete, nahm er ihn sogleich und trug ihn von dannen. Als ihn nun der Reiher aufs Trockene gebracht und fest gepackt hatte, und als er sah, wie der Boden überall mit Fischgräten bedeckt war, da dachte er: Weh mir Armem, ich bin verloren! Doch wart! Ich will schon tun, was mir in dieser Lage frommt, denn:

17. Nur so lang fürchte die Gefahr der Mann,
Als sie nicht brach herein,

Doch tritt das Unheil dann an ihn heran,
So schlag er mutig drein.

Weiter:

18. Wenn dem Klugen in der Not
Keine Rettung mehr erscheint,
Nun dann kämpft er auf den Tod,
Stirbt mit seinem Feind.

Und ein anderes:

19. Mußt ohne Kampf du sicher sterben,
Kann er dich retten vom Verderben,
So ist's nach Weiser Wort zum Streit
Die einzig angemessne Zeit.

So dachte der Krebs und schnitt dem Reiher die Kehle ab. Darum sage ich: Ein Reiher hatte Fische schon verzehrt ... (s. Vers 15).

Da ergriff König Buntfarb wieder das Wort und sagte: Vernimm, Minister, meine Gedanken! Haben wir Wolkenfarb erst zum König der Kampferinsel gemacht, so werden wir ihn zwingen, uns die besten Produkte des Landes zu liefern, und wir werden dann hier auf dem Vindhya-Gebirge in Lust und Freuden leben. Weitblick aber lachte und sprach: Majestät:

20. Die auf die Zukunft ihre Hoffnung baun,
Des Glückes froh, das sie noch ferne schaun:
Wie der Brahmane ernten Spott die Tröpfe,
Der mit dem Stocke dort zerschlug die Töpfe.

Der König fragte: Wie war das? Der andre erzählte:

Siebente Erzählung
Brahmane und Töpfer

In der Stadt Devīkoṭa lebte einst ein Brahmane namens Vedaśarman. Der bekam einmal zur Zeit der Tag- und Nachtgleiche eine Schüssel voll Gerstenmehl. Mit dieser ging er nach der Verkaufshalle eines Töpfers, die voll war von Geschirren, legte sich da in einen Winkel schlafen und dachte: Wenn ich meine Schüssel mit dem Mehl verkaufe, so bekomme ich dafür vielleicht zehn Heller. Dafür kann ich hier Töpfe und Schüsseln erstehn, die kann ich wieder verkaufen, und so wächst meine Kasse. Dann fang ich einen Handel an mit Betelnüssen, Stoffen und andern Waren, und so kann ich mein Vermögen wohl auf hunderttausend bringen. Nun kann ich mir vier Frauen nehmen, und dem jüngsten und schönsten Weibchen wende ich meine zärtlichste Liebe zu. Wird die andern dann die Eifersucht plagen! Aber sie sollen sich nur unterstehn zu keifen! »Meinen Zorn sollen sie fühlen, und meinen Stock sollen sie spüren!« So rief er und schleuderte seinen Stock von sich. Natürlich ging seine Schüssel und eine Menge anderer Gefäße dabei in Trümmer. Der Töpfer, der das Klirren gehört hatte, kam herbei, und unter Spott und Hohn wies er den Brahmanen aus seiner Halle hinaus.

Darum sage ich: Die auf die Zukunft ihre Hoffnung baun ... (s. Vers 20).

Da fragte der König heimlich den Geier: Lieber Kanzler, so sage denn, was ich tun soll. Der Geier sprach:

21. Gerät ein brünstger Elefant auf falsche Bahn,
So tadelt man den Führer, der ihn leitet;
Geht auf verkehrtem Weg ein Fürst im Größenwahn,
Hat er dem Kanzler übeln Ruf bereitet.

So höre denn Eure Majestät: Haben wir diese Feste durch die Tüchtigkeit des Heeres erobert oder durch eine List, ersonnen unter Eurem glorreichen Vorsitz? Der König sagte: Durch Eure List. Der Geier sprach: Nun denn, gebt Ihr etwas auf meine Rede, so kehren wir jetzt in die Heimat zurück. Denn die Regenzeit steht bevor, wir müssen einen erneuten Kampf befürchten mit dem Feinde, der uns gewachsen ist, und sind wir dann noch hier in fremdem Lande, so dürfte uns der Rückzug ins Vaterland schwerfallen. Schließt einen Frieden, der Euch Ehre und Nutzen bringt, und dann wollen wir abziehen; haben wir doch durch die Erstürmung der Feste den erwünschten Ruhm erworben. Das ist meine Meinung, denn:

22. Wer nie sich an des Herrn Verstimmung kehrt,
    Nur was das Recht gebietet immer lehrt,
    Wer bittre Wahrheit kündet unumwunden,
    An dem hat einen Freund der Fürst gefunden.

Ferner:

23. Bist deinem Feind gewachsen du, so schließe Frieden,
    Denn wer im Kampfe siegen wird, ist unentschieden.
    Sunda und Upasunda hatten gleiche Macht,
    Und darum haben sie einander umgebracht.

Weiter:

24. Wer setzt wohl in der Schlacht als Pfand,
    Verlor nicht ganz er den Verstand,
    Das Leben, seine Fürstenehre,
    Den Freund, die Krone samt dem Heere?

Der König sagte: Und warum habt Ihr mir diesen Rat nicht eher gegeben? Der Kanzler sprach: Habt ihr denn damals meine Rede bis zu Ende angehört? Auch damals war ich nicht mit dem Beginn des Feldzugs einverstanden. Ist doch Goldleib ein Fürst, mit dem man im Bunde, aber nicht im Kriege leben soll. So heißt es ja auch:

25. Mit dem, der wahr, der edel, treu, gerecht,
    Der mächtig, der aus niederem Geschlecht,
    Dem oft der Feinde Macht erlag im Streit,
    Mit diesen sieben sei zum Bund bereit.

26. Ein Mann, der allezeit die Wahrheit ehrt,
    Bewahrt im Bündnis auch sie unversehrt.
    Ein edler Mann wahrt seinen edlen Mut,
    Sollt er bezahlen ihn mit seinem Blut

27. Wird ein gerechter Fürst vom Feind bedroht,
    Zieht für ihn jeder aus in Kampf und Tod.
    Wo Tugend sich und Volkes Liebe binden,
    Ist stark ein Fürst und schwer zu überwinden.

28. Verbünde dich auch mit gemeinem Mann,
    Wenn Zeit sein Bündnis dir gewinnen kann.

Doch tust's nur dann, droht sicheres Verderben,
Wenn seine Hilfe du kannst nicht erwerben.

29. Wie Stamm an Stamm der Bambus wächst empor,
Wie Dorn an Dorn sich reiht um jedes Rohr,
Daß kühn es dem Verderben bietet Trutz,
So ist beschaffen treuer Freunde Schutz.

30. Mit einem Mächtigen den Kampf zu wagen,
Das wird in keiner Vorschrift aufgetragen.
Hat je am Himmel Wolken man gesehn,
Die einem Sturmwind kühn entgegengehn?

31. Der Glanz des Siegers, der in mancher Schlacht
Dem Feindesheer Verderben hat gebracht,
Allein schon überall den Feind verzehrt,
Wie uns der Sprosse Jamadagnis lehrt.

32. Wenn man sich klug mit einem Fürsten eint,
Dem oft in blutgem Kampf erlag der Feind,
So wird gar leicht durch dessen Siegesmacht
Zur Unterwürfigkeit der Feind gebracht.

Darum sollst du mit jenem Fürsten, der so viele Vorzüge besitzt, ein Bündnis schließen.

Der Reiher sagte: Wir haben deinen Bericht vernommen. So gehe denn jetzt, weitere Nachrichten einzuziehen, und komm dann wieder. Als er gegangen, fragte Goldleib den Reiher: Lieber Kanzler, es gibt auch Fürsten, mit denen man kein Bündnis schließen soll; ich möchte gern wissen, wieviel und welche Arten man bei ihnen unterscheidet.

Der Minister sagte: Majestät, die will ich Euch sehr gern nennen:

33 Der König, der dem Volke mißbeliebt,
bis Ein Feigling, wen ein Memmenheer umgibt,
37. Ein Knabe und ein gläubger Fatalist,
Wer nicht von einem Mann beraten ist,
Wes Heer in Wirren, wer nicht nutzt die Zeit,
Wer sich zu sehr ergibt der Sinnlichkeit,
Der Geizige, wen Geizige umringen,
Auf wen von allen Seiten Feinde dringen,

Wer Götter nicht und nicht Brahmanen ehrt,
Bei wem der Hunger die Armee verheert,
Ein Greis, und wen verstoßen die Verwandten,
Und wer sein Leben führt in fremden Landen,
Wer lange krank, wer Recht und Wahrheit höhnt,
Mit wem das Schicksal nimmer sich versöhnt:
Mit diesen zwanzig soll den Bund man fliehn,
Man soll mit Fehde nur sie überziehn.
Denn zieht man gegen diese in den Krieg,
So hat gar bald man in der Hand den Sieg.

38. Es hat ein Knabe nur geringe Macht,
Und ungern geht für ihn man in die Schlacht.
Wie könnt er lohnen, wenn für ihn du leidest,
Wie strafen, wenn den Kampf für ihn du meidest?

39. Es fehlt an Willensstärke dem Betagten,
Wie auch dem lang mit siechem Leib Geplagten.
Drum müssen ohne Zweifel diese beiden
Von ihrem eignen Volk Verachtung leiden.

40. Es fällt ein Fürst gar leicht in deine Hand,
Wenn die Verwandten von ihm sich gewandt,
Sind deine Bundsgenossen sie geworden,
So werden ohne dich sie ihn ermorden.

41. Ein Feigling aber flieht den tapfern Krieger
Und räumt das Feld freiwillig seinem Sieger,
Und wer gebeut ob einem Memmenheer,
Steht bald verlassen da und ohne Wehr.

42. Weil nie ein Geizhals vom Gewinne spendet,
Ein jeder sich vom Kampf für diesen wendet,
Und eines Fürsten Macht wird bald gebrochen,
Sind seine Diener gierig und bestochen.

43. Wenn Untertanen ihren König hassen,
Wird er von ihnen im Gefecht verlassen.
Wer sich zu sehr ergibt der Sinnlichkeit,
Der unterliegt dem Gegner leicht im Streit.

44. Wer nicht von einem Mann beraten ist,
Gerät mit den Ministern bald in Zwist,

Und weil er nie sich hält an einen Rat,
Wird er verachtet, geht es an die Tat.

45. Von wem das Schicksal grollend sich gekehrt,
Wer Götter nicht und nicht Brahmanen ehrt,
Die werden beide schon durch Dharmas Macht
Ohn menschlich Tun von selber umgebracht.

46. Die Fatalisten, die im Schicksal sehn
Den Grund für Unglück und für Wohlergehn,
Die rühren, wenn ein Mißgeschick genaht,
Sich nie, es abzuwenden mit der Tat.

47. Bei wem der Hunger die Armee verheert,
Der wird ja selbst von dieser Not verzehrt;
Und herrscht Verwirrung auf des Gegners Seite,
Wie könnt er widerstehen dir im Streite?

48. In fremdem Lande kann man unterliegen,
Es kann der kleinste Feind dich dort besiegen.
Den Elefanten schleppt im Wasser fort
Ein Krokodil, da er an fremdem Ort.

49. Wen seine Feinde überall bedrängen,
Der gleicht der Taube in der Falken Mengen,
Und welchen Weg er immer mag beschreiten,
Ihn muß ein jeder ins Verderben leiten.

50. Wer in den Streit zur rechten Stunde zieht,
Schlägt den, dem ungenutzt die Zeit entflieht.
Die Krähe wird zur Mitternacht besiegt,
Wenn ihr entgegen eine Eule fliegt.

51. Mit denen hüte dich im Bund zu stehn,
Die ferne von Gesetz und Wahrheit gehn.
Ist schlecht der Sinn des neuen Bundsgenossen,
So droht Verrat, ist auch der Bund geschlossen.

Ferner sollst du wissen: Friede, Krieg, Ruhe, Marsch, Zuflucht und Teilung der Streitmächte, das sind die sechs Maßregeln. Die Ermöglichung des Beginns der kriegerischen Operationen, die nötige Anzahl von Kriegern und Schätzen, richtige Verteilung von Zeit und Ort, Zurückschlagen von Angriffen und Durchführung des Unternehmens, das sind die fünf Ratschläge. Milde, Strafe, Erregung von Zwietracht und Geschenke, das sind die vier Mittel. Die Macht des Willens, die Macht der Beratung und die Macht des Fürsten, das sind die drei Mächte. Wenn sie dies alles klug überlegen, dann winkt großen Fürsten der Sieg, denn:

52. Wär's um den Kaufpreis auch des eignen Lebens,
Nach Glück zu ringen ist ja doch vergebens.
Doch zu dem Klugen, ist's auch wandelbar,
Kommt es geeilt, beut sich ihm selber dar.

Heißt's doch:

53. Wer Schätze wirbt und das Erworbne spendet,
Wer im geheimen seine Späher sendet,
Wer freundlich spricht und sicher wahrt den Plan,
Beherrscht die Erde bis zum Ozean.

Indessen, wenn auch der Kanzler, jener Geier, den Frieden vorgeschlagen hat, so versagt der König vielleicht, hochmütig geworden durch den Sieg, seine Zustimmung. Drum wollen wir folgendes tun. Auf Siṃhaladvīpa haben wir einen Freund, den königlichen Storch Mächtig, und der soll auf Jambudvīpa hinter des Königs Rücken einen Aufstand erregen, denn:

54. Erwecke still, wenn dich ein Feind bedrängt,
Ihm einen Feind, der ihn wie Eisen sengt.
Seid ihr dann beide wie geglühte Eisen,
Kann man in eins euch um so fester schweißen.

So sei es! sagte der König, und so wurde denn ein Kranich namens Bunt mit einem sehr geheimen Schreiben nach Siṃhaladvīpa entsandt.

Da kam der Spion zurück und berichtete: Majestät, vernehmt, wie es dort steht. Folgendes sagte der Geier: Majestät, lange Zeit hat Wolkenfarb dort gelebt, darum weiß er, ob König Goldleib die Eigenschaften besitzt, um derentwillen man ein Bündnis schließt oder nicht. Da ließ König Buntfarb den Wolkenfarb rufen und fragte ihn: Was sind das für Leute, der König Goldleib und sein Minister, der Reiher? Wolkenfarb sagte: Majestät, jener König Goldleib ist edel wie Yudhiṣṭhira, und stets redet er die Wahrheit; und nirgends ersteht wieder ein Minister, der jenem Reiher gliche. Der König sprach: Wenn es so steht, wie war es dir dann möglich, ihn zu betrügen? Wolkenfarb sagte: Majestät,

55. Der Witz ist wahrlich nicht zu groß,
Betörst du den, der ahnungslos.
Wie tapfer ist der Todesstoß,
Schläft, wen er trifft, in deinem Schoß!

Majestät, gewährt mir Gehör! Mit dem ersten Blicke hat mich jener Reiher, der Kanzler, durchschaut. Indessen, der König ist ein edler Fürst, und darum eben gelang mir's, ihn zu hintergehn. Heißt's doch:

56. Wer eines Schurken Wort für Wahrheit hält,
Weil selbst er ehrlich lebt in dieser Welt,
Der wird wie der Brahmane dort belogen,
Den jene Schelme um den Bock betrogen.

Der König fragte: Wie war das? Wolkenfarb erzählte:

Achte Erzählung
Der Brahmane und die drei Schelme

Im Gautama-Walde lebte ein Brahmane. Der hatte einst ein Opfer unternommen, und zu diesem Zwecke hatte er in einem anderen Dorfe ein Böcklein gekauft. Als er dies nun auf seinen Schultern heimwärts trug, da bemerkten ihn drei Schelme. Da hielten die Gauner einen Rat, und dann setzten sie sich an dem Wege, den der Brahmane gehn mußte, jeder unter einen andern Baum und warteten. Als nun der Brahmane vorüberging, da rief ihm der erste Schelm zu: Aber, bester Brahmane, warum trägst du denn den Hund auf deiner Schulter? Der Brahmane sagte: Das ist doch kein Hund, das ist ein Opferbock. Da kam er zum zweiten Schelm, der in Rufweite vom ersten entfernt saß, und der sagte dasselbe. Als er das hörte, legte der Brahmane den Bock auf den Boden, betrachtete ihn von allen Seiten, hob ihn wieder auf seine Schulter und ging weiter; doch wußte er nicht recht, was er denken sollte.

Heißt's doch:

57. Den Edlen auch kann die Besinnung rauben
Des Schurken trügerisches Wort,
Und schenkt man seiner Schelmenrede Glauben,
So kommt man um, wie Schönfarb dort.

Der König fragte, wie war das? Der andere erzählte:

Neunte Erzählung
Löwe, Tiger, Schakal, Rabe und Kamel

In einer waldigen Gegend lebte ein Löwe namens Übermut. Der hatte drei Diener im Gefolge, einen Raben, einen Tiger und einen Schakal. Als diese einst den Wald durchstreiften, trafen sie ein Kamel, das von seiner Karawane abgekommen war, und fragten es: Wer seid Ihr, und woher des Wegs? Darauf erzählte jenes, was ihm begegnet, und die drei führten es vor den Löwen. Dieser sicherte ihm seinen Schutz zu, gab ihm den Namen Schönfarb und behielt es um sich. Nun begab sich's, daß der Löwe erkrankte, und da außerdem fortwährend heftiger Regen herniederströmte, hatten sie keine Nahrung; so gerieten sie in große Not. Da hielten denn die drei einen Rat: Jenen Schönfarb – dafür wollten sie sorgen – müßte ihr Herr umbringen. Was läge an diesem Dornenfresser? Der Tiger meinte: Freilich hat unser Herr ihm seinen Schutz zugesichert und ihn in seinen Dienst genommen. Wie wäre also unser Vorsatz ausführbar? Da sagte der Rabe: Wie die Dinge jetzt liegen, wird unser kranker Herr auch eine Sünde tun, denn:

58. Den Sohn verläßt ein Weib, das Hunger plagt;
Ihr Ei die Schlange schlingt, die Hunger nagt;
Der Hungrige wohl jede Sünde tut,
Denn kein Erbarmen kennt des Dürftgen Mut.

Und ein anderes:

59. Verliebte, Trunkne, Geistgestörte,
Erzürnte, Müde, Furchtbedrohte
Und Lässge, Eilge, Gierbetörte,
Was scheren die sich um Gebote?

Nach dieser Beratung traten sie vor den Löwen. Der Löwe fragte: Habt ihr etwas für unser Mahl gefangen? Der Rabe antwortete: Herr, Mühe haben wir uns wohl gegeben, aber gefangen haben wir nichts. Der Löwe sagte: Was machen wir nun, um nicht zu verhungern? Der Rabe sprach: Ist uns das Mahl doch schon bereitet. Wir aber lassen es stehn, und das ist unser Verderben. Welches Mahl? fragte der Löwe. Da flüsterte ihm der Rabe ins Ohr: Schönfarb! Da berührte der Löwe seine Ohren und dann den Boden: Ich habe ihm mit meinem Königsworte Schutz gelobt, drum geht's nicht an, denn:

60. Man sagt: daß Kühe man und Länder spendet
Und Speise gibt und selber sich verpfändet,
Sind Gaben, im Vergleich mit dieser klein,
Durch die wir andern unsern Schutz verleihn.

Und ein anderes:

61. Was durch ein Rosseopfer wir erlangen,
Daß, was wir wünschen, alles wir bekommen,
Denselben Lohn erhält, wer einen Bangen,
Der zu ihm floh, in seinen Schutz genommen.

Der Rabe sagte: Ja freilich, Ihr, Herr, dürft ihn nicht töten; doch dafür laßt uns sorgen, daß er Euch seinen Leib von selbst anbietet. Darauf schwieg der Löwe. Der Rabe hatte nun eine arge List ersonnen. Bei der ersten Gelegenheit trat er mit den andern allen vor den König und sprach: Herr, es ist uns kein Fang für Euer Mahl geglückt, und die fortwährenden Fasten quälen Euren Leib. So geruht denn, Euch von meinem Fleische zu nähren, denn:

62. Wenn auch ein Staat vortrefflich sonst gedeiht,
Fehlt ihm der Fürst, muß er verderben.
Entschwand dem Menschen seine Lebenszeit,
Hilft ihm kein Götterarzt vom Sterben.

Ferner:

63. Wie einen Baum die Wurzel nur ernährt,
So ist's der Fürst, der Segen uns gewährt.
Nur wenn am Baume ist die Wurzel heil,
Wird seines Pflegers Mühe Frucht zuteil.

Der Löwe sagte: Freund, eher lasse ich mein Leben, als daß ich solche Tat begehe. Der Schakal machte dasselbe Anerbieten und wurde gleichfalls abgewiesen. Der Tiger sagte: So nähre sich Majestät von meinem Fleische! Der Löwe sagte: Fürwahr, das wäre ein unerhörter Frevel. Da bot auch Schönfarb im Vertrauen auf das, was er eben gehört hatte, sein Fleisch an, und noch hatte er nicht ausgeredet, da hatte ihm schon der Tiger den Leib aufgerissen. Er mußte sterben, und diente allen zur Nahrung.

Darum sage ich: Den Edlen auch kann die Besinnung rauben … (s. Vers 57).

Als der Brahmane nun bald darauf hörte, wie der dritte Schelm dasselbe sagte, da vermeinte er, er sei verblendet, warf den Bock von sich, badete und ging dann nach Hause. Die Schelme aber nahmen den Bock und verzehrten ihn.

Darum sage ich: Wer eines Schurken Wort für Wahrheit hält … (s. Vers 56).

Der König sagte: Aber, lieber Wolkenfarb, wie hast du's fertiggebracht, so lange inmitten unsrer Feinde zu leben und dir sogar ihre Achtung zu erwerben? Wolkenfarb sagte: Majestät, was tut man nicht alles um der Sache seines Herrn oder auch um der eigenen willen?

64. Sieh, König, wie sie auf die Köpfe laden
Die Hölzer und sie doch zum Ofen tragen.
Sieh wie die Wogen dort die Wurzeln baden,
Und doch sind sie's, die sie vom Baume nagen.

Heißt's doch:

65. Auf deinen Schultern trage deinen Feind,
Wenn es den Zeiten angemessen scheint.
Das hat die alte Schlange wohl bedacht
Und hat die Frösche alle umgebracht.

Der König fragte: Wie war das? Wolkenfarb erzählte:

Zehnte Erzählung
Schlange und Frosch

In einem verfallenen Garten lebte eine alte Schlange, Schleicher mit Namen. Die war so alt, daß sie unfähig war, sich ihre Nahrung zu suchen, und so lag sie denn am Ufer eines Teiches hingestreckt. Da rief ihr ein Frosch zu, der sie von weitem sah: Wie kommt es, daß du dir gar nicht mehr deine Speise suchst? Die Schlange sagte: Geh, Freund, frommte dir's, wollte ich dir die Geschichte meines Leidens erzählen? Jener wurde neugierig, und darum sagte er zur Schlange: Erzähle sie immerhin! Die Schlange erzählte:

Elfte Erzählung
Schlange und Brahmane

Hier in Brahmapura lebt ein gelehrter Brahmane, der heißt Kauṇḍinya. Dieser hatte einen Sohn, etwa im Alter von zwanzig Jahren, den alle Tugenden zierten; und ich in meiner Niedertracht biß ihn, daß er starb. Als nun Kauṇḍinya seinen Sohn – er hieß Suśīlaśarman – als Leiche sah, da fiel er um, schier ohnmächtig vor Schmerz, und wälzte sich am Boden. Bald kamen nun alle seine Freunde, die in Brahmapura wohnten, und setzten sich zu ihm. Heißt's doch:

66. Dein Freund ist der, der sich mit dir vereint
Am Königstor, am Grab, in Hungersnot,
Der zu dir steht im Streite mit dem Feind,
Im Kampfgewühl, und wo du sonst bedroht.

Da sagte einer – er hieß Kapila – der jüngst erst Hausvater geworden war: Pfui, Kauṇḍinya, du bist ein Tor, daß du so jammerst. Höre:

67. Vergänglichkeit hat schon das Kind umstrickt,
Der Amme gleich, wenn es die Welt erblickt;
Dann nimmt's die Mutter erst in ihren Arm.
Warum denn quälst du dich in bittrem Harm?

68. Wo sind die Fürsten hin aus frühren Tagen
Mit ihrer Macht, mit Heereszug und Wagen?
Die Erde hat sie alle scheiden sehn,
Und dennoch bleibt die Erde stehn.

69. Es drohet stets dem Körper Pein,
Und Unglück muß beim Glücke stehn;
Was sich geeint, muß sich entzwein,
Und was entsteht, zugrunde gehn.

70. Es siecht der Leib, wenn's keiner auch empfindet,
Fortwährend von Sekunde zu Sekunde.
Ein ungebrannt Gefäß im Wasser schwindet,
Allmählich zwar, doch endlich geht's zugrunde.

71. Es kommt heran der Tod auf unserm Pfad
Mit jedes neuen Morgens Lichte,
Wie schrittweis er dem armen Sünder naht
Auf seinem Gang zum Hochgerichte.

72. Nicht ewig währen Jugend und Gestalt,
Nicht Leben, Freude, Gut und Herrschgewalt.
Drum gibt sich nie verständger Männer Sinn,
Verlor er sie, betörtem Schmerze hin.

73. Wie auf des großen Ozeanes Wellen
Zwei Scheite Holz einander sich gesellen,
Die bald die Woge auseinanderschellt,
So geht es allen Wesen in der Welt.

74. Fünf Elemente, draus der Leib besteht,
Sie trennen sich, sobald der Leib vergeht.
Sie gehn dahin, wo jedes ist entstanden.
Wo ist zum Grämen da ein Grund vorhanden?

75. Sooft auf Menschen, die sich ihm gesellt,
Ein Mann hienieden all sein Glücke stellt,
Sooft dringt ihm bei jeder Trennung Schmerz
Ein Dolch des Wehs in sein gequältes Herz.

76. Hast du dich hier an einen Freund gebunden,
Wie lange währt's, so ist das Band geschwunden;
Mußt du dich trennen doch vom Leibe dein.
Wo könnt ein fester Bund mit andern sein?

77. Schließt man mit andern einen Bund,
Steht Trennung schon im Hintergrund,
Wie unvermeidlich schon der Tod
Bei der Geburt dem Menschen droht.
78. Scheint anfangs lieblich auch
Ein Freundesbund.
Bald wird die Freude sich
In Trauer wenden.
Genießt die Speise man,
Die ungesund,
So wird man sicherlich
Mit Schmerzen enden.
79. Wie abwärts stets
Des Stromes Wässer fließen,
Wie nie zurück
Sie wendend sich ergießen:
So Tag und Nacht,
Die stetig fürder streben
Und mit sich ziehn
Im Lauf der Menschen Leben.
80. Verkehr mit Guten wird
Dir Segen spenden,
Doch muß in kurzer Zeit
Das Glück sich wenden:
Bewirkt die Trennung doch,
Daß in der Welt
Man an die Spitze ihn
Der Leiden stellt.
81. Der einzge Grund ist ja der Trennung Leiden,
Daß Gute drum der Guten Umgang meiden.
Denn wenn das Herz das Schwert der Trennung teilt,
Wo wär ein Kraut, das diese Wunde heilt?
82. Sind Sagara und andern wohl geraten
Hienieden auch erhabne Heldentaten,
So sind die Werke, die sie kühn begonnen,
So sind sie selber längst dahingeronnen.

83. Gedenket des Stabes in Todes Hand,
Des grausen, ein Mann von gutem Verstand,
Ermattet ihm doch zu Taten die Kraft,
Wie lederne Riemen der Regen erschlafft.
84. Die Menschen eilen seit der ersten Nacht,
Die sie im Mutterschoße zugebracht,
Von Tag zu Tage, ohne Rast und Ruh
Geradenwegs dem Untergange zu.

Bei denen nun, die da nachdenken über den Kreislauf der Existenzen, ist ein solcher Gram nur das Resultat irrenden Unverstandes. Sieh:

85. Erregte wirklich nur das Scheiden,
Nicht unser Unverstand das Leiden,
So wüchse täglich unsre Klage:
Doch schwindet sie mit jedem Tage.

Drum fasse dich, lieber Freund, und meide es, an deinen Kummer zu denken, denn:

86. Trifft frisch und unerwartet dich ein Schmerz,
Zerreißen Schicksalsschläge rauh dein Herz,
So ist ein heilsam Kraut, sie abzulenken:
Vermeide es, an deinen Gram zu denken!

Kauṇḍinya erhob sich und sprach: Mein Haus ist mir zur Hölle geworden, und ich habe nun am längsten darinnen gewohnt, ich gehe in den Wald. Da sagte wieder Kapila:

87. Wer die fünf Sinne nicht im Zaume hält,
Frönt auch der Sünde in der Büßerklause.
Wer Gutes tut, nicht haftet an der Welt,
Der hat den Büßerwald im eignen Hause.

Denn:

88. Es freue dich der schon erreichte Stand,
Und auch im Unglück tue deine Pflicht.
Sei allen Wesen freundlich zugewandt,
Das äußre Zeichen macht die Tugend nicht.

Heißt's ja:

89. Wer Speise nimmt, nur um den Leib zu wahren,
Den Sohn zu zeugen nur der Liebe pflegt,

Zu wahrem Worte nur die Zunge regt,
Der übersteht gewißlich die Gefahren.

90. Das Leben ist ein Fluß mit reinen Badestellen,
Die Wahrheit Wasser drin, das Mitleid sind
die Wellen,
Und edelmütger Sinn umgibt es als Gestade.
Die Seele, Pāṇḍu-Sproß, verklär in diesem Bade.

Besonders aber vernimm:

91. Wohl dir, entfliehest du dem Leben,
Das freudelos und schal,
Das von Geburt und Tod umgeben,
Von Krankheit, Alter, Qual.

Denn:

92. Nicht Freuden gibt es, sondern Not.
Nur weil man das erkannt,
Geschah's, daß, was uns Lindrung bot,
Mit ›Freude‹ ward benannt.

Kauṇḍinya gab das zwar zu, indessen übermannte den Brahmanen doch der Schmerz, und darum sprach er einen Fluch über mich aus, kraft dessen ich von jenem Tage ab den Fröschen als Reittier dienen muß. Kapila sagte: Nun da dein Herz des Fluches Gift ausgespien, wirst du gutem Rate wieder zugänglich sein.

93. Flieh standhaft jeglichen Verkehr,
Doch kannst du ganz ihm nicht entfliehn,
Sei Guter Freundschaft dein Begehr.
Der Guten Bund ist Medizin.

Und ein anderes:

94. Den Wunsch sollst standhaft du vernichten;
Doch kannst du ganz ihm nicht entfliehn,
Sollst auf Befreiung du ihn richten:
Das ist dagegen Medizin.

Als Kauṇḍinya dies gehört hatte, da löschte der Belehrung Amṛta seines Zornes Flammen, und der Vorschrift gemäß griff er zum Wanderstabe. Ich aber bin nun hier, um jenen Fluch abzubüßen und – Frösche zu tragen.

Sogleich eilte jener Frosch, dies dem Froschkönig Schwimmfuß zu vermelden. Da kam der Froschkönig herbei und wollte sich der Schlange auf den Rücken setzen. Diese hob ihn selbst darauf und trug ihn dann in mannigfachen Windungen umher. Am nächsten Tage aber vermochte sie – so schien es – nicht mehr zu gehn, und der Beherrscher der Frösche fragte sie: Wie kommt's, daß ihr so langsam geht? – Ja, Majestät, sagte die Schlange, ich bin ganz schwach, weil mir's an Speise gebricht. Da sagte der Froschkönig: So erlauben wir Euch, Euch an unsern Fröschen zu sättigen. Jene erwiderte: Ich nehme dankbar Eure große Gnade an – und so zehrte sie nach und nach die Frösche auf, und als sie sah, daß keine mehr im Teiche waren, da fraß sie auch den Froschkönig.

Darum sage ich: Auf deinen Schultern trage deinen Feind … (s. Vers 65). Doch, Majestät, lassen wir jetzt diese alten Geschichten! Jedenfalls ist es meine Ansicht, daß sich König Goldleib zum Verbündeten eignet, und so schließt denn Frieden mit ihm. Der König sagte: Seid ihr bei Sinnen? Wir haben ihn besiegt, so sei er unser Vasall. Sonst mag der Krieg entscheiden!

Da kam der Papagei von Jambudvīpa herbeigeeilt und berichtete: Majestät, von Siṃhaladvīpa ist der Kranich nach der Jambu-Insel gekommen, um von ihr Besitz zu ergreifen. Hastig fragte der König: Wie? Was? Der Papagei wiederholte seine Worte. Der Geier (beiseite): Vorzüglich, Reiher! Vorzüglich, Kanzler Allwissend! Vorzüglich Allwissend, ganz vorzüglich! Der König sagte zornig: So will ich den jetzt in Ruhe lassen, aber jenen Kranich will ich angreifen und gründlich vernichten!

Da lachte Weitblick und sagte:

95. Vergebens sollst du nimmer grollen
Gleich Donnern, die im Herbste rollen,
Und nimmer zeigt ein kluger Mann
Dem Feinde Glück und Schaden an.

Ferner:

96. Nie sollst du kämpfen auf einmal
Mit vieler Feinde Heeren:
Sind Würmer nur in nötger Zahl,
Die Schlange sie verzehren.

Und, Majestät, wie denkt Ihr Euch denn eigentlich einen Abzug von hier ohne Frieden? Denn hinter uns wird der König Goldleib sich mit seinem Volk erheben. Ferner:

97. Wer, eh er noch die Wahrheit fand,
Gleich zürnt in seinem Unverstand,
Muß wie der Priester reuig klagen,
Der das Ichneumon dort erschlagen.

Der König fragte: Wie war das? Weitblick erzählte:

Zwölfte Erzählung
Brahmane und Ichneumon

In Ujjayinī lebte einst ein Brahmane namens Mādhava. Diesem gebar seine Gattin ein Söhnchen, und als sie einmal wegging, sich zu baden, da trug sie ihrem Manne auf, das Kind zu bewachen. Nun ließ der König vermelden, er suche einen Brahmanen, dem er ein allgemeines Totenopfer geben wolle. Der Brahmane hatte von Kind auf in ärmlichen Verhältnissen gelebt, und darum dachte er: Wenn ich mich nicht schleunigst auf den Weg mache, so nimmt ein anderer mir das Totenopfer weg, heißt's doch:

98. Willst nehmen du, so nimm beizeiten,
Auch Gabe sollst du rasch bereiten.
Verrichte alle Werke schnell,
Sonst schlürft die Zeit des Saftes Quell.

Aber niemand ist da, das Kind zu bewachen. Was tun? Halt! Ich habe doch da das Ichneumon schon so lange gehalten, als wär es mein eignes Kind, dem will ich meines Söhnchens Schutz anvertraun. So tat er und ging. Als nun das Ichneumon neben dem Kinde saß, erblickte es eine schwarze Schlange, sofort biß es sie tot und zerfleischte sie. Als das

Ichneumon nun den Brahmanen wiederkommen sah, da eilte es ihm entgegen, blutbefleckt an Maul und Pfoten, und wälzte sich ihm zu Füßen. Aus dem Aussehen des Ichneumons aber schloß der Brahmane, es habe sein Kind gefressen, und darum schlug er das Ichneumon tot. Als er aber näher trat, da fand er sein Kind ruhig schlafend und daneben die tote Schlange.

Darum sage ich: Wer, eh er noch die Wahrheit fand ... (s. Vers 97).

Ferner, Majestät:

99. Liebe, Freude, Stolz ob deinen Ehren,
Dünkel, Habsucht, rasches Aufbegehren,
Hast du diesen Sechspfad aufgegeben,
Dann, o König, wirst du glücklich leben.

Der König fragte: Lieber Kanzler, ist das deine Überzeugung? Der Minister sprach: sicherlich, denn:

100. Beständigkeit, Verstand, Gedächtnisstärke,
Verschwiegenheit und ein solides Wissen
Und regen Eifer zum politschen Werke,
Die sollte nie man am Minister missen.

Und ein anderes:

101. Bedächtig sollst bei jedem Werk du sein,
Sonst bricht das Unglück über dich herein.
Doch folgt von selbst das Glück dem tüchtgen Mann,
Der dann erst handelt, wenn er sich besann.

Drum, wollt ihr auch jetzt meinem Rate folgen, so schließt den Frieden, und dann wollen wir aufbrechen, denn:

102. Hat man auch vier der Mittel uns gewiesen,
Durch die wir an der Wünsche Ziel gelangen,
Nur ob der Zahl hat man sie uns gepriesen.
Vom Frieden nur kann man das Glück empfangen.

Der König sagte: Wie aber wäre das in so kurzer Zeit möglich? Der Minister sprach: Majestät, das wird bald gemacht sein, denn:

103. Dem Tongefäße gleicht die Freundschaft mit
Gemeinen,

Gar leicht sind sie zerstört, und schwer sind sie
zu einen.
Doch wie ein goldner Krug ist guter Menschen Bund,
Gar bald sind sie geeint und gehen schwer zugrund.

Und ein anderes:

104. Wer nichts gelernt, den Mann gewinnst du leicht;
Bei Weisen auch ist bald dein Ziel erreicht.
Doch wollte selbst der Schöpfer ihn belehren,
Wer wenig weiß, den kann er nicht bekehren.

Weise Männer aber sind Minister Allwissend und sein König in der Tat, das habe ich aus Wolkenfarbs Bericht entnommen, und weil ich sah, wie sie ihr Ziel erreicht haben; denn:

105. Ist unbekannt dir eines Mannes Leben,
Fragst du, ob edel er, ob er gemein,
Was er getan, das kann dir Aufschluß geben;
Und sollt auch dieses dir verborgen sein,
Und willst erforschen du des Mannes Taten,
Lehrt der Erfolg dich, wie sie sind geraten.

Der König sagte: Wir haben die Sache in Rede und Gegenrede nun hinreichend erwogen: so tu denn, was du für richtig erachtest.

Nach dieser Beratung begab sich der Kanzler auf den Weg nach unsrer Festung. – Ich aber will sehn, was ich dort weiter tun kann – so sagte der Spion und ging wieder auf seinen Posten.

Da sagte der Königsflamingo: Lieber Minister, ist es denn auch geraten, jemandem von unsres Feindes Genossen bei uns wiederum Zutritt zu gestatten? Allwissend lachte und sprach: Majestät, es ist wirklich kein Grund zur Besorgnis vorhanden, denn Weitblick ist ein edler Mann. Aber so geht's den Toren, jetzt leben sie sorglos drauflos, jetzt flößt ihnen alles Besorgnis ein. Wahrlich:

106. Ein dummes Gänschen wurde oft betrogen,
Wenn in der Nacht der Sterne Widerschein
Im Teiche Lotusblüten ihr gelogen

Und war gar sehr enttäuscht, biß es hinein,
Bei Tag auch meidet's nun die zarte Beute:
Auch Gute fürchten schelmbetörte Leute.

Drum, Herr, legt einen Vorrat von Juwelen und andern Ehrengaben bereit, jenen nach Kräften zu ehren. Als dies geschehn war, da ging Kanzler Geier zum Reiher. Dieser war ihm bis ans Burgtor entgegengekommen, bewillkommnete ihn und führte ihn zum König. Als sich nun der Geier auf einem dargebotenen Sessel niedergelassen hatte, da begann der Reiher: Nehmet hin, o Kanzler, dieses Reich, und schaltet mit ihm nach Belieben, denn es ist in Eurer Hand! Der Königsflamingo bestätigte: Ja, so ist es. Weitblick entgegnete: Allerdings ist es so; indessen hat es keinen Sinn, jetzt lange Reden zu halten, denn:

107. Den Gierigen gewinnt man sich mit Spende,
Den Aufgeblasnen durch gefaltne Hände,
Den Toren, handelt man nach seinem Sinnen,
Den Weisen kann durch Wahrheit man gewinnen.

Und ein anderes:

108. Des Freundes Herz gewinnst du dir durch edlen Sinn,
Verwandte auch, bist immer du zum Dienst bereit,
Durch Ehren Fraun und Dienerschar und durch
Gewinn,
Den fremden Mann gewinnst du dir mit Höflichkeit.

Drum will Seine Majestät, König Buntfarb, Frieden schließen, dann aber müßt Ihr ihn unbehindert abziehn lassen. Der Reiher sagte: So sage uns denn, welcher Art unser Friede sein soll. Der Königsflamingo fragte: Wieviel Arten von Friedensschlüssen gibt es denn? Der Geier sagte: Höret, ich will sie Euch nennen:

109. Blieb dieser Weg nur aus der Not,
griff ihn ein stärkrer Gegner an,
So schließe einen Bund der Fürst,
damit er Zeit gewinnen kann.

110. Kapāla, Upahāra auch, Santāna sowie Saṅgata,
Upanyāsa, Pratīkāra, Saṃyoga, Puruṣāntara,

111. Adṛṣṭanara, Ādiṣṭa, Ātmāmiṣa, Upāgraha,
Parikraya und Ucchanna sowie auch Parabhūṣaṇa,
112. Skandhopaneya: sechzehn Arten; sie führen allesamt
zum Frieden.
Von Diplomaten, die's verstehn, sind voneinander sie
geschieden.
113. Kapāla heißt der Friede dann, wenn beiden
die Bedingung gleich.
Doch Upahāra nennt man ihn, zahlt Steuern noch
das eine Reich.
114. Santāna heißt er, reicht dem Sieger
des Feindes Tochter ihre Hand,
Und wenn die Gegner sich befreunden, so wird er
Saṅgata genannt.
115. Es währt, so lang das Leben währet, und wird aus
gleichem Grund gehalten,
Der Saṅgata, der unverletzt, ob Glück,
ob Not im Reiche walten;
116. Vorzüglich ist er vor den andern,
und wegen dieses Wortes eben
Sind andre, die, der Sache kundig,
ihm die Bezeichnung ›golden‹ geben.
117. Doch hat das Bündnis in der Sache,
die ihr in Zukunft wollt, den Grund,
So lehren uns die Diplomaten, es sei ein
Upanyāsa-Bund.
118. Pratīkāra heißt jener Bund, durch den du Hilfe
willst erlangen,
Da früher auch dein Waffenfreund von dir schon
Hilfe hat empfangen.
119. Auch der heißt Pratīkāra, wenn den Freund du Hilfe
läßt empfahn,
Wie Rāma und Sugrīva dort, damit er tu, was du
getan.
120. Wollt ihr dieselbe Sache tun und schließet darum
ihr das Band

Und geht vereint sofort ans Werk: Saṃyoga wird der Bund genannt.

121. Wenn jeder durch den besten Mann im Heer die Sache läßt entscheiden
Im Einzelkampf, dann schlossen ab den Puruṣāntara die beiden.

122. Doch im Adṛṣṭapuruṣa bedinget sich der Sieger aus:
Geh hin, und ohne meine Hilfe besteh für mich allein den Strauß.

123. Befreit man dadurch sich vom Feinde, daß man als Preis gewährt ein Land,
So wird Ādiṣṭa dieser Friede von Friedenskundigen genannt.

124. Ātmāmiṣa der Friede heißt, gibt man darum die Heeresmacht,
Upāgraha, hat alles für den Leib als Opfer man gebracht.

125. Parikraya der Friede heißt, in dem man opfert seinen Schatz
Teilweise oder gänzlich auch, damit das andre bleibt am Platz.

126. Verliert man reiche Ländereien, heißt Ucchanna der Friedensschluß
Und Parabhūṣaṇa, wenn man die ganze Ernte geben muß.

127. Skandhopaneya nennen die, die sich auf Friedensschluß verstehn,
Den Bund, da beide, ihren Teil auf ihre Schulter nehmend, gehn.

128. Parasparopakāra drum, Maitra, Sambandhaka dazu,
Und Upahāra, diese vier, die merk als Bündnisformen du.

129. Nur Upahāra ist ein Bund und der auch, den man Maitra nennt;
Sind doch die andern Arten nur, so mein ich, nicht von ihm getrennt.

130. Der Feind kehrt nie, bedrängt er dich und ist ihm größre Macht beschieden,
Erwarb er keine Beute, heim. Drum gibt es keinen andern Frieden.

Der Reiher sagte: So höre denn:

131. Ist fremd mir der Mann oder ist er verwandt?
Also erwägt ein geringer Verstand;
Sind doch die Edlen auf der Erde
Allüberall am heimschen Herde.

Und ein anderes:

132. Wer seine Mutter sieht in andrer Fraun,
In andrer Gute einen Erdenkloß,
In allen Wesen sieht sich selber bloß:
Ein weiser Mann, wer so versteht zu schaun!

Ihr aber seid ein sehr weiser Mann: Darum harren wir Eurer Befehle. Der Minister sagte: Warum sagt man denn:

133. Kommt heute oder morgen
Durch Krankheit oder Sorgen
Der Leib doch einmal um.
Wie sollten ihm zugute
Wir noch mit frevlem Mute
In Sünde fallen drum?

134. Tu, da unstet ist das Leben
Wie des Mondes Schein,
Zitternd in der Wellen Beben,
Tu, was recht allein.

135. Wenn man aufs Menschenleben sieht,
Wie's wie ein Wüstentrugbild flieht,
Soll man sich guten Menschen binden,
Um recht zu tun und Glück zu finden.

Drum soll folgendes mit meiner Zustimmung geschehn. Da es nämlich mit Recht heißt:

136. Wäg tausend Rosseopfer, und dagegen
Magst in die andre Schale Wahrheit legen:
Es werden hoch die Rosseopfer steigen,
Es wird sich tief der Wahrheit Schale neigen;

so mögen die beiden Fürsten den Eid schwören, der da ›Wahrheit‹ heißt, und damit den Bund schließen, der ›der goldene‹ genannt wird. Allwissend sagte: So sei es! Darauf erhielt jener Minister Weitblick Gewänder und Schmucksachen als Ehrengabe, und fröhlichen Herzens nahm er den Reiher und trat mit ihm vor den königlichen Pfau. König Buntfarb ehrte nun gleichfalls auf des Geiers Rat den Minister Allwissend mit huldvollen Gaben, besprach sich dann mit ihm, nahm den Frieden an und entließ ihn mit einem seiner Großen nach des Königs Palaste.

Darauf sagte Weitblick: Majestät, was Ihr gewünscht, es hat sich erfüllt. Jetzt können wir nach dem Vindhya-Gebirge aufbrechen.

So kehrten sie denn heim, jeder an seinen Ort, und genossen das Glück, das ihr Herz ersehnt hatte.

*

Viṣṇuśarman sprach: Sagt mir, was soll ich euch nun erzählen? Die Prinzen sagten: Würdiger Herr, Ihr hattet die Gnade, uns über das zu belehren, was die Regierung erfordert: darum sind wir sehr froh und zufrieden. Viṣṇuśarman sprach: Möge sich nun auch dieser Wunsch erfüllen:

137. Es seh der Siegesfürst sein Glück im Frieden;
Es folge Guten nie ein Mißgeschick;
Den Weisen sei auf Erden Ruhm beschieden;
Der Kanzler möge kluge Politik
Wie eine Freundin fest umfangen halten,
Und jeder Tag zum Feste sich gestalten!

Auch dies möge sich erfüllen:

138. Solang der Hehre, dessen Edelstein
Im Diadem des Mondes sanfter Schein,
Den jenes hohen Schneegebirges Kind,
Die heilge Durgā, als Gemahlin minnt;
Solange Lakṣmī, Viṣṇus Gattin lebt,
Die, der Gewitterwolke gleich, erbebt,

Wenn mit dem Strahl den Mānasa sie blendet;
Solang der goldne Berg die Sonne sendet,
Den Funken, ihm entstrahlt, wie Waldesbrand,
Solang geh dieses Buch ins weite Land,
Das euch erfreut durch seine Märchenpracht,
Und das Nārāyaṇa zurechtgemacht.

Und ferner:

139. Begleite Sieg Dhavalacandras Schwert,
Des hehren Fürsten, droht ihm je ein Feind,
Der dieses Buch durch Schreiberhand vermehrt,
So daß es bald in aller Welt erscheint.

Anhang

Die Geschichte von Sunda und Upasunda

Einst waren zwei stolze Dämonen, Sunda und Upasunda mit Namen. Diese gelüstete nach der Herrschaft über die Dreiwelt, und daher verehrten sie lange Zeit mit harter Buße den Gott, dessen Diadem der Halbmond bildet. Der Hochheilige war endlich mit ihrer Buße zufrieden und sagte zu ihnen: Wählet euch eine Gnade! Da ihnen nun Sarasvatī zur Seite stand, baten sie um etwas anderes, als sie beabsichtigt hatten: Bist du, heiliger Gott, mit uns zufrieden, nun so gib uns, mächtiger Herr, deine Gattin Pārvatī. Zwar war der Gott gewaltig zornig, doch konnte er die ihnen gewährte Gabe nicht abschlagen, und so mußte er denn den Sinnbetörten seine geliebte Gattin ausliefern. Da erregte ihre liebliche Gestalt bei diesen Weltzerstörern wilde Gier, die Sünde verblendete sie; jeder beanspruchte sie schreiend für sich, und sie beschlossen, einen Schiedsrichter zu befragen. Da kam Pārvatīs göttlicher Gemahl herbei, der die Gestalt eines Brahmanen angenommen hatte. Sofort wandten sie sich an ihn, getäuscht durch seine Gestalt, und fragten ihn: Wem soll sie gehören? Der Brahmane sagte:

Den Priester lobe, ist er recht gelehrt,
Den Krieger, weiß zu führen er das Schwert,
Den Vaiśya, hat er Geld und Geldeswert,
Den Śūdra, wenn er höhre Kasten ehrt.

So soll denn zwischen euch nach eurer Kaste Satzung euer Schwert entscheiden. Diesen Rat billigten sie, und da sie beide mit gleichem Mute fochten, so töteten sie einander gleichzeitig.

Darum sage ich: Bist deinem Feind gewachsen du, so schließe Frieden … (s. Vers 23).

Nachwort

Der Hitopadeśa, ›Die freundliche Belehrung‹ oder ›Die heilsame Unterweisung‹, gehört zu den beliebtesten Erzählwerken der indischen Literatur und genießt vor allem in Bengalen eine große Verbreitung. Er dürfte auch in Europa zu den am besten bekannten indischen Büchern zählen.

In seiner Einleitung kündigt der Verfasser, ein Mann namens Nārāyaṇa, die Aufgabenstellung des Werkes an. Es soll – so sagt er – ›den rechten Redebrauch lehren und den Wortschatz vermehren‹ (Vers 2) und ›der Jugend klugen Rat (nīti) in Märchenhülle bescheren‹ (Vers 7).

Die erste der beiden Absichten trägt in ihrem einen Teil der überragenden Bedeutung, die in Indien der Sprache beigemessen wird, Rechnung. Danach kann das Studium der anderen Wissenschaften erst dann erfolgversprechend begonnen werden, wenn man die Grammatik gelernt hat, ›weil die Grammatik die Grundlage aller Wissenschaften ist‹ (Ānandavardhana). Nārāyaṇa verspricht also, ein den grammatischen Regeln gemäßes Sanskrit zu gebrauchen, das die Literatur- und Umgangssprache der Gebildeten ist und sich von den Prākrits, den Vulgärsprachen und Volksdialekten, abhebt. Ihr anderer Teil bezieht sich auf die Gewichtigkeit eines umfangreichen Wortschatzes und meint die Lexikographie und die Wörterbücher, welche die Fachtermini aus den Bereichen der verschiedenen Wissenschaften, unter anderen die des Nītiśāstra, in umfangreichem Maße enthalten.

Die zweite Absicht betrifft die inhaltliche Seite des Buches und zielt auf die Unterweisung in dem artha und der nīti ab. Diese beiden Begriffe bedeuten in unserem Zusammenhang ›weltlicher Vorteil, Nutzen, das Nützliche, Besitz, Geld, Reichtum‹ (artha) und ›richtiges und kluges Benehmen, Lebensklugheit, Politik, Staatsklugheit‹ (nīti). Sie werden in dem Oberbegriff ›artha‹ zusammengefaßt und bilden eines der drei Lebensziele (trivarga), die es für den einer der drei oberen Kasten, der Brahmanen, der Kṣatriya und der Vaiśya, zugehörigen Mann anzustreben gilt.

Diese Lehre von den drei Lebenszielen ist sehr alt. Bereits Patañjali (2. Jh. v. u. Z.?) und Aśvaghoṣa (2. Jh. u. Z.?) sprechen von ihr, und auch im Mahābhārata, in der Manusmṛti und im Tantrākhyāyika wird sie erwähnt.

Die beiden anderen Elemente des trivarga sind der dharma, welcher das ›Recht, die Religion, die Sitte und die Bräuche‹ umreißt, und der kāma, der die ›Geschlechtsliebe‹ meint. Die Kunst einer richtigen Lebensführung besteht nun darin, allen drei Elementen in abgewogener Manier gerecht zu werden.

Zu allen drei Teilen des trivarga gibt es Lehrbücher, die nach ihrem jeweiligen Gegenstand Dharmaśāstra, Arthaśāstra und Kāmaśāstra heißen. Seit wann es allerdings getrennte Wissenschaften für jedes der drei Gebiete gegeben hat, läßt sich nicht sagen.

Eines der bekanntesten Lehrbücher des dharma, die sich vorwiegend mit den religiösen Pflichten der Menschen beschäftigen, ist das Mānavadharmaśāstra. Seine Entstehung dürfte in dem Zeitraum zwischen dem 2. Jh. v. u. Z. und dem 2. Jh. u. Z. angesiedelt sein.

In der indischen Literatur erscheinen zum Teil die gleichen Namen als Verfasser von Dharmaśāstra und Arthaśāstra. In der Tat hat es Gegenstände gegeben, die von beiden Wissenschaften behandelt wurden. Hierzu erklären allerdings die Lehrer Yājñavalkya (II, 21) und Nārada (I, 39), daß bei einem Widerspruch zwischen Dharmaśāstra und Arthaśāstra in jedem Fall dem Dharmaśāstra der Vorrang gebühre. Man hat daraus geschlußfolgert, daß beide Wissenschaften zuerst in denselben Schulen zu den ›Königspflichten‹ gezählt und unter dieser Rubrik gelehrt wurden, bevor sich eigene Schulen des Arthaśāstra herausbildeten.

Die Arthaśāstra-Literatur enthält alle Lehren, die sich auf das praktische Leben – wie Technik, Wirtschaft, Verwaltung und vor allem Politik – beziehen. Der wichtigste Zweig des Arthaśāstra ist die Politik, die als selbständige Wissenschaft auch Nītiśāstra, die Wissenschaft von der ›Führung‹ oder ›Regierung‹, genannt wird. Insofern das Wissen um technische Einrichtungen, wirtschaftliche Verhältnisse und Verwaltung für den König erforderlich ist, bildet es einen Teil der ›Politik‹, so daß Arthaśāstra und Nītiśāstra zuweilen auch synonym gebraucht werden.

Das wichtigste und bekannteste Werk der Artha-Literatur ist das Kauṭalīya-Arthaśāstra (3. Jh. u. Z.?), neben dem im Zusammenhang mit dem Hitopadeśa der Kāmandakīya-Nītisāra (zwischen 700 und 750 u. Z.) zu nennen ist.

In engster Beziehung zu dem Arthaśāstra und parallel zu ihm hat sich die Wissenschaft von der Geschlechtsliebe, die Kāmaśāstra-Literatur, entwickelt. Diese beiden Teile des trivarga sind rein praktische Wissenschaften. Das Kāmaśāstra verfolgt das alleinige Ziel, die Mittel und Wege zu lehren, durch welche die Geschlechtslust (kāma) am besten befriedigt werden kann, während das Arthaśāstra keinem anderen Zweck dient, als die Mittel und Wege aufzuzeigen, durch die man irdische Güter (artha) erwerben und erhalten kann. Und wie das Kāmaśāstra in erster Linie die Städter, die Herren bei Hofe und die Lebemänner zu ihrer Zielgruppe macht, denen es aufzeigen will, wie man am besten zum Vollgenuß der Geschlechtslust gelangen kann, so wendet sich das Arthaśāstra vor allem an die Herrschenden, die Könige und die Minister, um sie zu lehren, wie sie ein Reich am besten erobern und beherrschen können.

Das Kāmasūtra des Vātsyāyana ist das älteste und bekannteste Lehrbuch der Liebeskunst (etwa 4. Jh. u. Z.), das ganz nach dem Muster des Kauṭalīya-Arthaśāstra angelegt ist. In den Schlußversen seines mit größter Offenheit das Sexualleben beschreibenden Buches betont Vātsyāyana: ›Wer das wahre Wesen dieser Wissenschaft erkannt hat, der ist ein Mensch, der seine Sinne bezähmt, indem er auf die den drei Lebenszielen dharma, artha und kāma in der Welt zukommende Stellung achtet. Darum wird der Verständige, der in dieser Wissenschaft bewandert ist, wenn er sich geschlechtlich betätigt, dharma und artha in Betracht ziehen und sich nicht übermäßiger Leidenschaft hingeben.‹

In späterer Zeit wird dem trivarga häufig der alte Begriff ›mokṣa‹ hinzugesellt. Er bedeutet ›die Befreiung von allen Banden der Welt, die Erlösung‹, und stellt das Endziel alles Strebens und den Zweck aller Philosophie dar. Im Bunde mit diesem Begriff umreißt der trivarga alle Gegebenheiten des menschlichen Lebens hinlänglich und gänzlich. Man könnte versucht sein, an Hand dieser Nomenklatur ein Einteilungsprinzip der gesamten Literatur aufzustellen. Eine derartige Gliederung wäre jedoch zu mechanisch und oberflächlich; denn die Werke gestatten nur in ihrer Minderheit eine klare Trennung. Vielmehr tragen sie bei ihrem Versuch, dem menschlichen Leben in seiner Gesamtheit dichterisch gerecht zu werden, allen Aspekten Rechnung.

Gleichwohl kann gesagt werden, daß sich die Dharma-Literatur ausdrücklich auf die religiösen Werke des Veda bezieht und sich als sogenannte ›Smṛti-Literatur‹ selbst zu ihnen zählt. Die beiden anderen Elemente des trivarga finden neben den Dharmavorschriften in der sogenannten ›schöngeistigen‹ Literatur ihren Niederschlag. Die lyrischen, epischen, dramatischen und romanhaften Dichtungen schildern allenthalben die Liebesfreuden und die Liebesleiden und werden somit dem Prinzip ›kāma‹ gerecht.

Der unter dem Begriff artha zu umreißende Teil allerdings hat in einer speziellen Weise in der schöngeistigen Literatur seinen Niederschlag gefunden. Zum Zweck seiner anschaulichen und lebendigen Darstellung hat man für ihn eine ganz spezifische Art von Erzählwerken geschaffen. Die hier angewandte Methode, politisches Wissen in künstlerischer Form zu lehren, war neu. Man hat sich dabei freilich der längst bekannten Praxis der Einschachtelung von Erzählungen in Erzählungen und der Mischung von Prosa und Versen bedient. Doch die Art und Weise, wie man Prosa und lehrhafte Sprüche und andererseits auch Verse, welche die ganze Erzählung in ihrem Kern enthalten, miteinander verknüpfte und mischte, ist allein diesen Erzählwerken eigentümlich.

Im achten Vers der Einleitung zum Hitopadeśa nennt Nārāyaṇa seine Quellen und führt namentlich das ›Fünfbuch‹ und ohne Namensnennung ein anderes Buch an. Dieses Fünfbuch heißt im indischen Original ›Pañcatantra‹ und ist unter diesem Namen wie wohl kein anderes Buch auch in Europa bekannt.

Dieses Pañcatantra wollte von Anfang an in der Form von Fabeln, Erzählungen und Sprüchen die allgemeine Lebensklugheit und die Regierungskunst lehren. In seiner ursprünglichen Gestalt sollte es der Prinzenerziehung dienen. Die späteren Bearbeitungen haben diesen Akzent verschoben und wollen das Werk als ein Erziehungsbuch für die männliche Jugend schlechthin und nicht begrenzt auf die Fürstensöhne verstanden wissen. Erst sie haben aus dem Pañcatantra ein Volksbuch gemacht, was es ursprünglich nicht war und auch gar nicht sein wollte.

Der äußere Anstoß zur Abfassung des Fünfbuches wird in dessen Einleitung, die inhaltlich in allen Bearbeitungen beibehalten wurde, geschildert. Das Tantrākhyāyika, welches das beste Bild von dem nicht erhalten gebliebenen Grundwerk liefert und dem ursprünglichen Pañcatantra am nächsten kommt, beschreibt die Motivation zu dem Werk in der Form einer Legende:

›In der Stadt Mihilāropya in Südindien herrschte ein König Amaraśakti. Er kannte sich in allen schönen Künsten und auch im Arthaśāstra sehr gut aus. Zu seinem Kummer legten seine drei Söhne für diese Wissenschaften keinerlei Begabung an den Tag. Darum rief der König seine Minister zu sich und beriet sich mit ihnen, auf welche Weise man den Verstand der Knaben wecken könne. Ein Berater lenkt des Königs Aufmerksamkeit auf einen Brahmanen namens Viṣṇuśarman, der das Nītiśāstra ausgezeichnet beherrsche und auch in vielen anderen Wissensgebieten bewandert sei. Der König läßt den Brahmanen kommen. Und der Viṣṇuśarman verspricht dem Herrscher, innerhalb von sechs Monaten die Knaben das Nītiśāstra zu lehren. Anderenfalls möge ihn der König aus dem Lande verbannen. Alle staunen. Doch der König vertraut dem Brahmanen die Prinzen an. Und Viṣṇuśarman ersann eine treffliche Methode und schrieb zur Belehrung fünf Bücher (Pañcatantra). Und unter Tieren und Menschen gibt es niemand, den er nicht zur Erreichung seines Zweckes, wo es paßte, hereingebracht hätte.‹

Dieser Viṣṇuśarman – so erzählt die Einleitung – ›hat das Wesentliche aller in der Welt vorhandenen Arthaśāstras durchforscht‹ und auf dieser Basis ›in fünf Büchern ein überaus herzerfreuendes Lehrbuch geschaffen‹.

Ein jedes der fünf Bücher stellt sich die Aufgabe, in seiner Rahmengeschichte eine der fünf Hauptlehren des Nītiśāstra darzulegen und aufzuhellen.

Der Rahmen des ersten Buches enthält die Geschichte von den erfolgreichen Bemühungen des schlauen Schakals Damanaka, zwischen den beiden Freunden, dem Löwen Piṅgalaka und dem Stier Saṃjīvaka, *Feindschaft*, zu stiften. Die beiden Schakale Karaṭaka und Damanaka dienen dem Löwen als Minister. In ihren Gesprächen erörtern sie die Grundsätze der Politik und das Verhältnis zwischen einem König und seinen Ministern. Dies geschieht teils durch Zitate aus den Lehrbüchern der Politik, teils durch Fabeln und Geschichten, die bald der eine, bald der andere der beiden Schakale erzählt.

Das zweite Buch zeigt in seiner Rahmengeschichte, wie auch Schwache durch ihren Zusammenhalt in fester *Freund-*

schaft und durch gegenseitige Hilfe einem starken Feind entrinnen können. Die im Mahābhārata V, 64 und im Jātaka 33 erzählte Geschichte von den Vögeln, die durch vereinte Kraft mit dem Fangnetz des Jägers emporfliegen und sich in Sicherheit bringen, soll beweisen, wie man durch Eintracht großen Gefahren entrinnen kann. Im Anschluß an die Vogelgeschichte wird dann weitererzählt, wie der Taubenkönig Bunthals den Mäuserich Goldreich zum Freund hat. Dieser Mäuserich zernagt die Maschen des Netzes und befreit ihn samt seiner Vogelschar. Die Krähe Leichtflug, die das Ganze mit angesehen hat, schließt sich der Freundschaft der beiden Tiere an. Und bald gesellen sich ihnen noch zwei Freunde, die Schildkröte Langsam und die Gazelle Buntleib, hinzu. Viele Reden über die Vorzüge der Freundschaft und der gegenseitigen Hilfe und über die Vorsicht bei der Wahl von Freunden beleben die Erzählung.

Die Rahmenerzählung des dritten Buches will die politischen Lehren über *Krieg* und *Frieden* veranschaulichen. Eine alte, im Mahābhārata erzählte Fabel vom Kampf der Eulen und der Raben, von der List des Rabenministers und von der Zerstörung der Eulenburg und der Vernichtung ihrer Einwohner leistet hierzu ihre Dienste. In diesem Zusammenhang werden viele Lehren über die verschiedenen Arten von Ministern, über deren Pflichten, über das Verhältnis von Fürst und Minister, über Kriegsführung sowie über die Anwendung von List und Tapferkeit im Krieg eingebaut. Mit der Rahmenerzählung steht die Fabel von der Königswahl der Vögel, die zur Feindschaft zwischen Eulen und Raben geführt hat, in engem Zusammenhang.

Die Rahmenerzählung des vierten Buches zeigt, wie ein Tor betrogen wird, wenn er eine Sache, die er schon gewonnen glaubt und bereits in der Hand hält, auf falsche Worte hin wieder losläßt und verliert. Als Beispiel dient die alte Fabel vom Krokodil und dem Affen, der vorgibt, er habe sein Herz auf einem Baum hängen habe (vgl. Jātaka 208). Die Schalterzählung vom Esel ohne Herz und Ohren stützt diese Lehre ab.

Die Rahmenerzählung des fünften Buches liefert im Tanträkhyāyika die Geschichte von dem unschuldig getöteten Ichneumon. Sie soll als Warnung vor unbedachtem Handeln dienen. Dieselbe Lehre will die Schalterzählung von dem Luftschlösser bauenden Brahmanen einschärfen.

Alle vorhandenen Pañcatantra-Fassungen lassen sich aus zwei Archetypen ableiten, von denen der eine den Titel Tanträkhyāyika und der zweite den Titel Pañcatantra führt. Der Verfasser des beiden Typen zugrunde liegenden Urwerkes dürfte ein Brahmane gewesen sein, dessen Name und Lebenszeit unbekannt sind. Der Inhalt der Einleitung läßt den Schluß zu, daß der Name des angeblichen Verfassers, Viṣṇuśarman, ein Pseudonym ist, welcher offenbar an Viṣṇugupta, den auch unter den Namen Kauṭalya oder Cāṇakya berühmten Minister des Mauryakönigs Candragupta und Verfasser des Kauṭalīya-Arthaśāstra, erinnern soll.

Die überlieferten Fassungen des Tanträkhyāyika und des Pañcatantra sind:

1. Das Tanträkhyāyika, das in einer älteren und einer jüngeren Rezension in Kaschmir überliefert wurde.

2. Der Text, der um das Jahr 570 u. Z. ins Pehlewi übersetzt wurde. Zwar ist weder dieser Text noch die Pehlewi-Übersetzung selbst erhalten geblieben. Doch die aus dem Pehlewi-Text hervorgegangenen Übersetzungen ins Syrische und Arabische sowie die aus der arabischen Übersetzung geflossenen europäischen Übertragungen erlauben es, Rückschlüsse auf die Pehlewi-Übersetzung und das Sanskrit-Original zu ziehen.

3. Ein Auszug aus dem Pañcatantra, der in der verlorengegangenen kaschmirischen Bṛhatkathā eingeschlossen war, ist in zwei metrischen Bearbeitungen, nämlich in Kṣemendras Bṛhatkathāmañjarī und in Somadevas Kathāsaritsāgara, enthalten. Einen selbständigen Wert besitzen die beiden Bearbeitungen nicht. Sie sind nur als Vertreter des alten Textes des Pañcatantra von Wichtigkeit. Die Fassung Somadevas besitzt hierbei einen höheren Wert als die des Kṣemendra.

4. Ein ›für das Verständnis von Knaben, die noch wenig Verstand haben‹, stark gekürzter Auszug, der in südindischen Handschriften überliefert ist und daher als ›Südindisches Pañcatantra‹ bezeichnet wird. Dieses Werk geht auf einen in Nordwestindien entstandenen Auszug zurück, der nach dem 7. Jh. u. Z. angefertigt worden ist. Der Wert dieses Textes liegt in seiner inhaltlichen Nähe zum Tantrākhyāyika begründet. Er leistet für die Herstellung des ursprünglichen Textes gute Dienste. Aus ihm sind zahlreiche erweiterte und volkstümliche Fassungen hervorgegangen, die zur Verbreitung des Werkes viel beigetragen haben. Es gibt mehrere Rezensionen von diesem Auszug.
5. Ein nepalesischer Strophenauszug, der dem ›Südindischen Pañcatantra‹ sehr nahesteht und auf einen nordwestlichen Text zurückgeht. Auch dieser, nur in einer einzigen Handschrift erhaltene Text ist für die Kritik von Bedeutung.

Die wichtigste von allen Neubearbeitungen des Pañcatantra ist der Hitopadeśa. Er geht ebenfalls auf die nordwestliche Fassung des Werkes zurück. Dies ergibt sich aus einer Reihe von Indizien. Hierzu zählt die Umstellung der ersten Bücher und seine dem nepalesischen Pañcatantra nachgeahmte Inhaltsstrophe. Dem Verfasser des Hitopadeśa dürfte ein aus Prosa und Versen gemischter Pañcatantra-Text vorgelegen haben, dessen Prosa im großen und ganzen dem Wortlaut des ›Südindischen Pañcatantra‹ entsprach. Dies verdeutlicht eine Vergleichung der Stellen, die sich in beiden genannten Quellen entsprechen.

Die beiden Schlußstrophen des Hitopadeśa geben den Namen des Verfassers und den seines Mäzens an. Der Verfasser heißt Nārāyaṇa, sein Gönner Dhavalacandra. Nach Angabe der Schlußstrophe war Dhavalacandra der Beherrscher einer Provinz, ein ›Gaugraf‹, der das neue Werk durch Schreiber vervielfältigen ließ und für seine Verbreitung sorgte.

Über die Zeit und den Ort der Entstehung ist nichts Genaues bekannt. Die unterste Grenze setzt das Datum des äl-

testen Manuskriptes, welches im Jahre 493 der nepalesischen Ära, das dem Jahre 1373 entspricht, vollendet wurde. Die oberste Grenze ergibt sich aus der Tatsache, daß Nārāyaṇa den Autor des Nītisāra, den Kāmandaki, und den Dichter des Śiśupālavadha, den Māgha, zitiert. Daraus ergibt sich, daß der Hitopadeśa zwischen 800 und 1373 entstanden ist. Über den Ort der Abfassung sind wir auf Vermutungen angewiesen, welche jedoch einen hohen Grad an Wahrscheinlichkeit besitzen. Es gibt vom Hitopadeśa Handschriften in Nāgarī-, Newārī- und Bengāli-Schrift. Auch ist der Hitopadeśa die einzige in Bengalen verbreitete und in bengalischem Alphabet geschriebene Pañcatantra-Rezension.
Keine Pañcatantra-Rezension enthält so viele Erzählungen, in denen der Tiger vorkommt, wie der Hitopadeśa. Bengalen aber ist das klassische Land des Tigers.
Das wichtigste Argument, welches mit Bestimmtheit auf bengalischen Ursprung des Hitopadeśa schließen läßt, dürften die Erzählungen sieben und acht im ersten Buche liefern. Hier will der Rājput Tuṅgabala die Liebe der Lāvanyavatī, der Frau des Kaufmanns Cārudatta, für sich gewinnen. Die Umworbene antwortet der zu ihr gesandten Kupplerin, sie werde nur tun, was ihr der Gatte befehle. Dann heißt es: ›Nun machte der Rājput auf den Rat der Kupplerin jenen Kaufmannssohn Cārudatta zu seinem Kammerdiener und verwandte ihn als solchen zu Geschäften vertraulicher Natur. Einst nun hatte der Rājput gebadet, sich gesalbt und Gold- und Juwelenschmuck angelegt und sagte zu ihm, er wolle einen Monat lang ein der Gaurī getanes Gelübde erfüllen. ‚Bringe mir von heute ab jede Nacht ein Mädchen aus edlem Geschlecht: ich will ihm gebührende Ehre erweisen.‘ So brachte Cārudatta ein Mädchen und übergab's ihm, verbarg sich aber dann und beobachtete, was jener tun würde. Tuṅgabala enthielt sich indessen jeder Berührung der Jungfrau, verehrte ihr Gewänder und Schmuck und entließ sie dann sogleich unter dem Schutze eines beigegebenen Begleiters. Der Kaufmannssohn, dadurch vertrauensselig ge-

worden, brachte das nächste Mal, von seiner Habgier dazu getrieben, seine eigene Gemahlin und übergab sie dem Rājputen. Als dieser aber seine herzgeliebte Lāvanyavatī erkannte, da sprang er auf, schloß sie fest in seine Arme und ließ sich mit ihr wollustgeschlossenen Auges auf seinem Diwan nieder.‹ (S. 48)

Es ist unverkennbar, daß die angebliche Gaurī-Verehrung hier nach tantrischem Ritus stattfinden sollte, und zwar nach dem Ritus der Vāmacārin, welcher in Bengalen ausgeübt wurde.

Alle diese Tatsachen deuten mit Sicherheit darauf hin, daß man die Heimat des Hitopadeśa in Bengalen zu suchen hat. Darum ist er wohl auch dort am meisten verbreitet und ohne Konkurrenz zu einer anderen Pañcatantra-Fassung.

In dem achten Vers seiner Einleitung sagt Nārāyaṇa, er habe aus dem Pañcatantra und ›aus einem anderen Buche‹ geschöpft. Unter diesem ›anderen Buche‹ dürfte eine unbekannte Erzählsammlung und nicht das Arthaśāstra des Kāmandaki gemeint sein.

Aus den eigenen Angaben des Verfassers ergibt sich unmißverständlich, daß er ein neues Buch schreiben wollte. Und in der Tat ging Nārāyaṇa sehr selbständig vor und schuf ein vollständig neues Werk. Dabei unternahm er es, den sehr unterschiedlichen Umfang der einzelnen Bücher auszugleichen. So folgte er der nordwestlichen Pañcatantra-Fassung in den beiden ersten Büchern, zerlegte dagegen das dritte Buch, welches im südindischen Pañcatantra ›Frieden und Krieg‹ heißt, in zwei Bücher, deren erstes er ›Frieden‹ (Sandhi) und deren zweites er ›Krieg‹ (Vigraha) nannte, und nahm in sie die Erzählungen des fünften Buches auf, während er Rahmen und Schalterzählung des vierten Buches ausließ. Die Rahmenerzählung des vierten Buches wurde neu erfunden. Die kriegführenden Tiere sind bei ihm im dritten und vierten Buch nicht Eulen und Raben, sondern ein Flamingo und ein Pfau mit ihrem Gefolge, und die Erzählung selbst weicht stark von der des Pañcatantra ab.

Die nach dem 23. Vers des vierten Buches eingeschobene und in der vorliegenden Übersetzung als Anhang beigefügte Erzählung von Sunda und Upasunda ist in keiner Pañcatantra-Handschrift nachgewiesen. Am Anfang und Ende eines jeden der nunmehr vier Bücher wird das Gespräch zwischen dem Lehrer Viṣṇuśarman und den Prinzen, das in allen anderen Pañcatantra-Fassungen nur in der Einleitung vorkommt, aufgenommen. Jedes der vier Bücher schließt mit einem Segensspruch, in dem der Gott Śiva verehrt wird. Der Verfasser muß also trotz seines Namens Nārāyaṇa, der ein Beiname des Gottes Viṣṇu ist, ein Śivaverehrer gewesen sein.

Zusammenfassend kann festgestellt werden:

Der Erzählungsinhalt verdeutlicht, daß Nārāyaṇa seiner Hauptquelle den Rahmen des ersten, des zweiten und des fünften Buches, den er für die zwölfte Erzählung seines vierten Buches benutzte, entlehnt hat. Den Rahmen des dritten Buches ahmte er nach, schied den Rahmen des vierten Buches aus und führte für sein viertes Buch einen neuen Rahmen ein. Von den sechzehn Schalterzählungen des ersten Buches bewahrte er folgende zwölf des südindischen Pañcatantra: I,1,3c; 4–6; 8–13 und 15. Von den vier Schalterzählungen des zweiten Buches behielt er 1 und 3, von den zehn des dritten Buches 1,5,8 und 10 bei. Das vierte Buch schied er samt der Schalterzählung aus, während er das fünfte Buch mit beiden Schalterzählungen übernahm.

Dagegen entlehnte er offenbar zum Teil dem als seine zweite Quelle bezeichneten unbekannten Buch die folgenden siebzehn Erzählungen: I,1–3,5,7,8; II,2–5a, 5c; III,4a, 4b, 6,7; IV,3,5.

Außerdem fügte er eine große Menge neuer Verse ein, die insonderheit dem Kāmandakīyanītisāra entnommen sind: I,70. 152. 162; II,48. 57.110; III, 2. 3. 19. 34.44. 57. 63. 64. 67–69. 70. 74. 75. 77. 92. 104. 105. 108. 112. 142; IV, 21. 23–51. 54. 99. 100. 105. 108–130.133–135. Die Verse II, 6.134; III,7.94.95.118; IV,16 übernahm er aus Māghas Śiśupālavadha.

Die vorliegende Übersetzung erschien im Jahre 1895. Sie entstammt der Feder Johannes Hertels, über den Moriz Winternitz in seinem Standardwerk ›Geschichte der indischen Literatur‹, III. Band, S. 272 sagt: ›Kein Werk der indischen Literatur hat eine so lange und so ereignisreiche Geschichte wie das Pañcatantra. Zwei Forscher haben sich um die Aufhellung dieser Geschichte das größte Verdienst erworben: Theodor Benfey, der die Geschichte des Werkes außerhalb Indiens auf seinen Wanderungen durch die Weltliteratur verfolgt hat, und Johannes Hertel, der uns durch kritische Ausgaben der wichtigsten in Betracht kommenden Texte und durch zahlreiche wissenschaftliche Untersuchungen die Geschichte des Pañcatantratextes in Indien selbst klargestellt hat.‹

Diese Hitopadeśa-Übersetzung stand am Beginn der überaus erfolgreichen Pañcatantra-Forschungen Johannes Hertels. Sie ist gleichzeitig die jüngste unter den renommierten deutschen Hitopadeśa-Übersetzungen des vorigen Jahrhunderts. Ihr gingen voraus die Übersetzungen von Max Müller, Leipzig 1844, von L. Schoenburg, Wien 1884 und von Ludwig Fritze, Leipzig 1888. Von allen genannten deutschen und allen nicht genannten anderen europäischen Übersetzungen gebührt der Hertelschen Übertragung, im Hinblick auf die sprachliche Wiedergabe und vor allem die wissenschaftliche Durchdringung, der Vorrang, denn in die Übersetzungsarbeiten sind bereits spürbar einige Ergebnisse der Untersuchungen eingeflossen, die Hertel erstmalig in seiner Dissertation ›Über Text und Verfasser des Hitopadeśa‹, Leipzig 1897, vorlegte, sie in seinen späteren Arbeiten kontinuierlich vervollkommnete und ihnen einen bleibenden Wert verschaffte.

Der Übersetzung lag die Textausgabe von Peter Peterson: Hitopadeśa by Nārāyaṇa, Bombay 1887, zugrunde. Hertel hat sie mit folgenden indischen Ausgaben verglichen:

The Hitopadeśa of Viṣṇu Śarman. Edited with a Glossary and Notes by Laxmana Yadava Askhedkar, B. A. Bombay:

Printed at the ›Indu-Prakash‹-Press, 1872
und
The Hitopadeśa of Nārāyaṇa Pandit. Edited With Explanatory English Notes by Nārāyaṇa Balakrishṇa Godabole and Kāśīnāth Pāndurang Parab. Third Revised Edition. Printed and published by the Proprietor of the ›Nirṇaya-Sāgara‹ Press. Bombay. 1890.

Bibliographie zu den die Pañcatantra-Tantrākhyāyika-Hitopadeśaliteratur betreffenden Werken Johannes Hertels:

Hitopadeśa. Die freundliche Belehrung. Eine Sammlung indischer Erzählungen und Sprüche in der Recension des Nārāyaṇa. Ins Deutsche übersetzt, mit sachlichen und sprachlichen Anmerkungen sowie einem erläuternden Register versehen von J. H., Leipzig 1895.

Über Text und Verfasser des Hitopadeśa. (Dissertation). Leipzig 1897.

Zwei Erzählungen aus der Bonner Hitopadeśa-Handschrift Ch.
In: Zeitschrift der Deutschen Morgenländischen Gesellschaft (ZDMG) 55, S. 487–494. 1901.

Über die Jaina-Rezensionen des Pañcatantra. Leipzig 1902 (= Berichte über die Verhandlungen d. phil.-hist. Klasse d. Kgl. Sächs. Ges. d. Sächs. Akademie d. Wissenschaften zu Leipzig. (BKSGW) Band 54, S. 23–134).

Die ›Bhartṛhari‹-Strophen des Pañcatantra. In: Wiener Zeitschrift für die Kunde des Morgenlandes (WZKM) 16, S. 298–304. 1902.

Eine vierte Jaina-Rezension des Pañcatantra. In ZDMG 57, S. 639–704. 1903.

Zum Pañcatantra. WZKM 17, S. 297–301. 1903.

Über das Tantrākhyāyika, die kaśmīrische Rezension des Pañcatantra. Mit dem Texte der Handschrift Decc. Coll. VIII, 145. Leipzig 1904 (= Abhandlungen der phil. hist. Klasse der Kgl. Sächs. Ges. d. Wiss. z. Leipzig. (AKSGW) Band 22, Nr. 5).

Das südliche Pañcatantra. Übersicht über den Inhalt der älteren ›Pañcatantra‹-Rezensionen bis auf Pūrṇabhadra. In ZDMG 58, S. 1–68. 1904.

Eine zweite Rezension des Tantrākhyāyika. In ZDMG 59, S. 1–30. 1905.

Die Bühler-Mss. des Pañcatantra. In: WZKM 19, S. 62–76. 1905.

Das südliche Pañcatantra. Sanskrittext der Rezension β mit den Lesarten der besten Hss. der Rezension α herausgegeben von J. H., Leipzig 1906 (= AKSGW, Bd 24, Heft 5).

Über einen südlichen textus amplior des Pañcatantra [1. Teil]. In: ZDMG 60, S. 769–801.

Zu Kalila wa Dimna. In: WZKM 20, S. 184–207. 1906.

Was bedeuten die Titel Tantrākhyāyika und Pañcatantra? In: WZKM 20, S. 81–89. 1906.

Eine alte Pañcatantra-Erzählung bei Babrius. In: Zeitschrift des Vereins für Völkerkunde (ZVV) Bd. 16. S. 149–156. 1906.

Meghavijayas Auszug aus dem Pañcatantra. In: ZVV Bd. 16. S. 249–278.

Über einen südlichen textus amplior des Pañcatantra [2. Teil] (Schluß). In: ZDMG 61, S. 18–72. 1907.

The Panchatantra. A Collection of ancient Hindu tales in the recension, called Panchakhyanaka, and dated 1199 A. D., of the Jaina monk Purnabhadra. Critically edited in the original Sanskrit by Dr. J. H., Cambridge (Massachusetts): Harvard University (= Harvard Oriental Series 11). 1908.

Tantrākhyāyika, die älteste Fassung des Pañcatantra, aus dem Sanskrit übersetzt mit Einleitung und Anmerkungen versehen von J. H. [2 Bände:] 1. Teil: Einleitung, 2. Teil: Übersetzung und Anmerkungen. Leipzig und Berlin 1909.

Tantrākhyāyika, die älteste Fassung des Pañcatantra. Nach den Handschriften beider Rezensionen zum ersten Male herausgegeben von J. H., Berlin 1910.

Einzelbemerkungen zu den Texten des Pañcatantra. In: WZKM 25, S. 1–48. 1911.

The Panchatantra-text of Purnabhadra. Critical introduction and list of variants by Dr. J. H., Cambridge (Mass.): Harvard University (= Harvard Oriental Series 12). 1912.

The Panchatantra-text of Purnabhadra and its relation to texts of allied recensions as shown in parallel specimens by Dr. J. H., Cambridge (Mass.): Harvard University (= Harvard Oriental Series 13). 1912.

Das Pañcatantra, seine Geschichte und seine Verbreitung. Gekrönte Preisschrift. Leipzig und Berlin 1914.

The Panchatantra, a collection of ancient Hindu tales in its oldest recension, the Kashmirian, entitled Tantrakhyayika. The original Sanskrit text, editio minor, reprinted from the critical editio major which was made for the Königliche Gesellschaft der Wissenschaften zu Göttingen by J. H., Cambridge (Mass.): Harvard University Press (Harvard Oriental Series vol. 14). 1915.

Erklärung von phonetischen Werten und von Transliterationszeichen

Der Transliteration indischer Wörter liegen die Vorschriften für die deutschen Bibliotheken zugrunde, die im wesentlichen von phonologischen und nicht phonetischen Gesichtspunkten bestimmt sind. Erklärungen finden nur die im Deutschen nicht vorhandenen oder anderslautenden Lautzeichen.

Vokale: Im Sanskrit besteht eine phonologische Opposition zwischen Kurz- und Langvokalen (ähnlich im Deutschen mite, d. i. ›Mitte‹ und mīte, d. i. ›Miete‹). Die Langvokale sind daher mit einem Längezeichen (ā) versehen, während die Kurzvokale ohne Kennzeichen blieben.

ṛ ist silbisch, d. h., es besitzt anlautend vor Konsonant (auch auslautend nach Konsonant) und interkonsonantisch den Charakter eines Vokals – daher auch ›Halbvokal‹.

e, o, ai, au sind im Sanskrit Diphtonge und daher immer lang zu lesen.

Konsonanten: Die ai. Aspiratae (kh, gh, th, dh usw.) sind reine Aspiraten und nicht wie im Griechischen (ph, ch) zu Spiranten geworden.

Die *Palatale* (c, ch, j, jh) werden wie Dentale mit nachfolgendem palatalen Zischlaut gesprochen (englisch ›nature‹ würde dem ›c‹, italienisch ›giro‹ dem ›j‹ entsprechen).

Die *Zerebrale* (ṭ, ṭh, ḍ, ḍh) besitzen im Sanskrit eine phonologische Opposition zu den Dentalen, werden in Europa aber gewöhnlich wie Dentale gesprochen.

y und v sind eigentlich Halbvokale (i, u) und werden etwa wie j und w in deutsch ›ja‹ und ›was‹ gesprochen.

ś wird wie deutsch ›sch‹ mit palataler Mundstellung, ṣ wie ›sch‹ mit zerebraler Mundstellung – im Deutschen ohne große Unterscheidung – gesprochen.

s dentales ›s‹ ist immer stimmlos.

Die *Nasale* besitzen unterschiedliche Artikulationsweisen, die sie vornehmlich in Verbindung mit einem Verschlußlaut erhalten (vgl. deutsch: singen-binden). Für jeden dieser ›Klassennasale‹ besitzt der Inder ein besonderes Zeichen: guttural: ṅ; palatal: ñ; zerebral: ṇ; dental: n; labial: m. Hinzu kommt als sekundäres Lautzeichen der sog. Anusvāra(ṃ), der vor Zischlaut und h wie auslautendes n im Französischen, im Auslaut wie m und vor Verschlußlaut wie der Nasal der entsprechenden Klasse gesprochen wird.

Erläuterndes Namen- und Sachregister

Inhalt